语写高手

剑飞语写社群 ◎ 著

实践证明存在

电子工业出版社
Publishing House of Electronics Industry
北京·BEIJING

内 容 简 介

本书向你展示的是一种特别的生活方式——语写。

在本书中，16 位语写字数千万字以上的训练者，将向你真诚分享他们收获的语写心得、感悟与方法论。你将看到他们如何进行语写训练，如何将语写融入生活的方方面面，如何通过语写创造生活，如何用语写记录已经发生的"未来"，如何在语写训练中找到内在力量，向内生长，向外绽放……

如果你想要改变，却不知道如何改变，来看看本书中语写高手的故事，然后记录你的共鸣与启发，开启你的语写之路。

未经许可，不得以任何方式复制或抄袭本书之部分或全部内容。
版权所有，侵权必究。

图书在版编目（CIP）数据

语写高手：实践证明存在 / 剑飞语写社群著 . 一北京：电子工业出版社，2023.3
ISBN 978-7-121-44972-7

Ⅰ．①语… Ⅱ．①剑… Ⅲ．①汉语－写作 Ⅳ．① H15

中国国家版本馆 CIP 数据核字（2023）第 017470 号

责任编辑：滕亚帆　　　　　　特约编辑：田学清
印　　刷：中国电影出版社印刷厂
装　　订：中国电影出版社印刷厂
出版发行：电子工业出版社
　　　　　北京市海淀区万寿路 173 信箱　　邮编：100036
开　　本：880×1230　　1/32　　印张：8.75　　字数：252 千字
版　　次：2023 年 3 月第 1 版
印　　次：2023 年 3 月第 1 次印刷
定　　价：89.00 元

凡所购买电子工业出版社图书有缺损问题，请向购买书店调换。若书店售缺，请与本社发行部联系，联系及邮购电话：（010）88254888，88258888。
质量投诉请发邮件至 zlts@phei.com.cn，盗版侵权举报请发邮件至 dbqq@phei.com.cn。
本书咨询联系方式：（010）51260888-819，faq@phei.com.cn。

前　言

语写，通过说话的方式表达思想，将脑海中的思考快速转成文字。

从 2012 年我开始探索用语音功能来描述脑海中的想法以来，语写不断地进化——从最开始一种模模糊糊的自我探索到成为越来越多人清晰的行动。

在这本书里，语写字数千万字以上的语写训练者，倾囊相授自己的语写心得、感悟与语写方法论。

1. 语写，是一种生活方式

语写最适合那些想要改变，却不知道改变成什么样和如何改变的人。在训练中，你可以以己为师，日积跬步，笃行致远。

作为一种生活方式，语写人把语写融入生活，如走路、坐车、等飞机、排队等，随时随地进行语写的记录。

语写践行者会发现，当不断挑战语写目标时，人会变得积极主动、专注、有自制力，会敢于突破自己的极限，会从只看眼前转变为有长期规划，不断地明确目标，创造自己想要的生活。

生活可以容纳百川，在语写中可以说出任何你想说的内容，也可以不断地描述未来，不断地发现惊喜，像孵化器一样，不断地产出很多的人生成果。

IV 语写高手：实践证明存在

很自然地，在语写生活中也会流露出一种幸福。语写训练者的思维表达、情绪处理、知识转化、解决问题的能力都会提升。生活中碰到需要解决的问题时，用语写的方式记录当下的心情，你会发现有很多解决方案，人生状态也会因此变得更加平和与稳定。

2. 语写，最大的功能是创造

在语写教学过程中，我一直挂在嘴边的一句话是：语写，最大的功能是创造。

在语写训练过程中，你可以不断地书写人生"剧本"，让自己成为一个不断突破、主动创造的语写人。

语写训练会让你更能聚焦远大的目标，理解和接纳生活，在未来的生活中关注机会、创造机会，对即将发生的事情全力以赴，并保持着热爱。

语写时间越长，越会发现自己的未来是主动争取的，我们可以提前演练各种即将发生的事，主动创造未来。

3. 语写，记录已经发生的"未来"

在语写训练过程中，我们会不断地记录生活现在的样子、未来的状态，还会毫无保留地把未来的想法记录下来。尽管我们不一定会清晰地记得这些想法，但等事情发生后再回来看，你会发觉原来在过去就已经对这件事情有想法了。

在语写过程中，如果不断描述未来和清晰构建未来的画面，就会发现未来慢慢变成了回忆，在尚未发生前，你对自己的生活已经有了足够清晰的构建，并做好了充足准备。时间帮助我们把未来的目标变成一种现实。

在本书中，还会有关于语写的基本训练法则，如目标要清晰且稳定、不要等待要马上行动、把任务拆分为最小颗粒、让行动自动执行、用惯性驱动行动、获得高质量反馈等。

在本书中，你会看到语写训练需经历三个阶段：初期阶段，语写是一个快速输出的工具；中期阶段，语写成为打造复合技能的"利器"；后期阶段，语写进化成不断创造的全能系统。这三个阶段让你对语写有更深刻的认识。

在本书中，你还会看到语写千万字级别的高手如何在持续训练中突破和改变，找到内在力量，不断地扩大能力边界，并提升自己的核心技能，向内生长，向外绽放。

如果在阅读过程中有共鸣，可以把你的共鸣通过语写所提倡的方式记录下来，开启你的语写之路。

剑飞

语写创始人、《时间记录》作者

目　录

程雅心 | 语写，把梦想照进现实

语写之剑适合谁来挥舞　　　　　　　004

照见现实的工具　　　　　　　　　　006

语写的魔力　　　　　　　　　　　　010

语写人的五大优势　　　　　　　　　014

段一邦 | 借助五种隐喻，全面理解语写功能

语写是容器，让你"心安即归处"　　　020

语写是沙盘推演，极致打造靠谱人设　022

语写是盲盒，永远有惊喜在等你　　　024

语写是杠杆，四两拨千斤撬动平衡人生　027

语写是孵化器，倍速创造人生成果　　029

观察、思考和探索，语写带来幸福人生　030

樊瑞竹 | 自我探寻：用语写打赢"内在"之战

做自己情绪的"拆弹专家"   036

语写新手春夏秋冬四季应对策略   038

语写带来的三大价值   042

既是工具，更是人生美好"神器"   046

胡奎 | 六个层次搭建自驱动语写成长系统

用语写书写人生"剧本"   053

四种"身份"，助你稳定语写   054

十条信念，助你高效语写   057

持续语写，打造六种能力   060

六个法则，让语写"停不下来"   063

打造适合语写的环境   067

蓝枫 | 文案精进的超级"外挂"——语写

语写打开自由创作　　　　　　　　072

语写探索文案"心语"　　　　　　075

语写奔赴人生修行　　　　　　　　079

灵休 | 在语写中抵达自己，创造未来

语写创造可能发生的未来　　　　　088

语写指引内向探索　　　　　　　　091

层层递进揭秘梦想　　　　　　　　094

向未来的自己借智慧　　　　　　　097

语写是时间的艺术　　　　　　　　100

X　语写高手：实践证明存在

麦风玄

快乐语写的五个秘诀

知道如何应对枯燥期	106
语写使生活从无序到有序	109
让语写推动你前进	111
处理不快乐情绪	114
让生命再活一次	117

清茶

语写——改变人生的工具

语写改变生活习惯	124
语写改变思维模式	125
做人生的规划师	125
跟着感觉走	127
打开情绪的树洞	127
语写，有限创造无限	129
语写单日极限挑战	129
你就是作家	132
语写，从量变到质变	134

任桓毅 语写，成长的推进器

语写，是情绪的稳定器　　　　　　　　139

语写，是思考的利器　　　　　　　　　141

语写，是优势的发掘器　　　　　　　　144

语写，是极限突破的模拟器　　　　　　148

语写，是梦想的触发器　　　　　　　　151

语写，是成长的推进器　　　　　　　　152

明韬 信息化浪潮下的个体升级之路　　154

自我升级之路探索　　　　　　　　　　156

个体升级的利器——语写　　　　　　　158

语写的加持功效　　　　　　　　　　　160

语写是新时代的生产利器　　　　　　　165

语写是帮助自我觉醒的底层原理　　　　166

XII 语写高手：实践证明存在

小饼干 | **连续语写 10 万字，语写不止于语写**

语写 1 万字到 10 万字，用语写破解焦虑　174

每天语写 10 万字，从个人历史写起　175

连续语写 10 万字，构建万能"武器库"　180

语写不止于语写，解锁人生新礼物　185

小奇 | **四年语写如何让我发生蜕变**

语写帮我找回内在的力量　190

持续稳定　192

不断地扩大自我能力边界　196

语写：提升核心能力的"神器"　199

晓雅 | 神奇的"1小时1万字"语写课程

我们为什么要参加写作	206
语写是什么	207
语写的方法	208
关于语写的小技巧	210

殷倩 | 语写,职场焦虑者的"救命稻草"

| 语写,先苦后甜的体力活 | 218 |
| 语写,不断升级的人生系统 | 221 |

语写高手：实践证明存在

云清 | **经过长期语写习得的三大关键能力**

语写"炼"身——行动力　　　　　　236

语写"炼"心——心力　　　　　　　241

语写"炼"脑——正确思考力　　　　244

邓燕珊 Jenny | **在语写中向内生长，向外绽放**

语写向内，开启全知全能的人生　　252

语写向外，从 0 到 1 提升输出力　　259

如果你想要改变自己，
却不知道如何改变，

来看看本书中语写高手的故事，
然后记录你的共鸣与启发，

开启你的语写之路。

语写,把梦想照进现实

程雅心

作者介绍

　　从事 IT 技术工作 18 年，在语写练习的 4 年时间里走出原生家庭阴影、重建生活信心，从肺癌中康复，挖掘内在天赋，进入心理学领域学习积累超过 2847 小时，并获得国际生生不息催眠协会认证的高级催眠疗愈师、DSG 国际认证成功丰盛之路专业授证教练、DSG 国际认证语言的魔力专业授证教练、创始人克洛·麦迪尼斯认证策略派家庭治疗师、纽约 NLP 中心认证 NLP 专业执行师。致力于激发内在潜力和唤醒内在资源，发挥自身创造力，创造更好的未来。

　　截至 2023 年 2 月底，完成语写 126 万字。

004　语写高手：实践证明存在

> 语写是通过语音随时随地创作的工具，是让我们照见自己、提升内在力量、创造未来的修行。

语写不仅可以高效地记录灵感、想法，还能锻炼思维，提高表达能力、觉察能力，更好地展现个人的独特性。

通过语写锻炼出来的写作能力和表达能力，可能并不是每个人都需要的，但通过语写帮助个人明晰梦想、梳理可实现的路径、突破障碍达成目标的底层能力和心智力量，却对大多数人有用。

语写之剑适合谁来挥舞

语写适合什么样的人

语写最适合的是那些想要改变，但是却不知道如何改变或改变成什么样的人，即可以暂时不清楚自己具体想要达成的愿景或目标是什么，但要有想要改变的心，并愿意为此付诸行动，这样的人就可以挥舞语写之剑，从语写中获取价值。

语写集合了写作和语音两个方面的价值。语音是语言的一种表达，而语言是有魔力的。说什么样的话，拥有什么样的想法、信念，就会创造什么样的人生。

在罗伯特·迪尔茨《语言的魔力》一书中提到："精神病学家西格蒙德·弗洛伊德认为语言是人类意识的基本工具，因而具有特别的力量。"语言既能为我们带来巨大的惊喜，也能带来无尽的绝望，语言能唤起情感，语言能描述我们的经验，建立我们对世界的看法。

大部分人的生活状态都是自己创造的，但并不意味着当前的状态是自己喜欢的。有一些现状是我们在无意识中创造的。我们要谨慎地对待语言，它会创造现实的生活状态。

如果说现实无论好坏都是我们自己创造的，那如何创造自己想要的生活状态呢？若能看见影响我们人生的是什么，就能掌控更多，就有更多的可能性去创造我们想要的。如果通过语言可以看见内在真实的想法，了解自己的行为模式，那么就可以对症下药，有针对性地进行改进，使用语写，修正无意识的状态，建立新的思维习惯，强化新的行为模式。方法不同，结果不同，改变了旧有模式，在生活中创造的现实也自然不同了。

语写不适合什么样的人

语写是把我们的想法记录下来，通过讯飞输入法转变成文字的一种工具，它既比手写快得多，又不像打字那样会受到环境的束缚。语写是非常方便的，只需要一部手机，就能进行语写。我们要做的只是把思路梳理清楚，把想表达的内容表达出来而已。

语写是一把谁都能拿得起来的剑，却不是谁都能挥舞得好的剑。大多数人都具备语写的能力，只要能开口说话，就能语写，甚至完成 1 小时 1 万字的语写。可有的事情不是有能力就一定能做到的，好比每个人每天都能吃早饭，但不是每个人都会做到每天吃早饭，语写也是这样。

操作语写 App 是非常便捷的，只用在手机上安装语写 App 和讯飞输入法，打开后就可以开始创作了。但语写再方便简单，也需要自己每天完成语写目标，没有人能替代你。

轻盈丝滑的利器——语写 App

语写人离不开的利器绝对是语写 App 了。语写 App 可以搞定所有数据统计、习惯记录、词频分析、使用分享等问题，使用者只要用手指在手机上点一次，就可以开始语写，即专心说话就可以。

006　语写高手：实践证明存在

语写使用的口头表达和书面表达不同，容易有口语词汇，而语写 App 会自动帮你筛选口头禅、关键词等，完成口头表达和书面表达的无缝转换。同时，它还会记录下语写的当下状态、字数、时长、频率，甚至是你突破极限的次数，以便语写人更好地了解自己的语写情况。

语写 App 考虑到了书写过程中会出现的各种不利的影响，打造了一个可靠、便捷、无打扰的，可以全然沉浸式创作的环境。所以，不是随便一个文本工具就可以记录语写。普通的文档记录到 3 万~5 万字后就会非常卡顿，或者文字一不小心就会丢失，你辛苦写半天的内容很可能就不见了。

千万不要以为 1 天语写 3 万~5 万字的目标离自己很遥远，很多语写学员用事实证明，语写的第一个月就可能会完成。在语写早期，很多语写人都经历过内容丢失的情况。现在开发的语写 App 以其便捷流畅的记录，让语写的体验如丝般顺滑。就算不小心覆盖了原来的内容，还有版本恢复的功能，确保语写内容都能保存下来。

只有每天持续练习语写，才能收获语写价值。语写需要投入积极的行动力，需要每天的践行和有节奏的突破挑战，每天都需要至少 1 小时 1 万字以上的坚持，这是聚沙成塔的耐心。

照见现实的工具

鉴往知来，以己为师

语写的价值非常多元化，通过语写可以帮助我们找到自己的行为模式、内在的信念。语写就像一面镜子，照见了我们的人生状态和阶段。

人们很容易被自己的想法限制住。有时候目标没有达成并不是因为这件事情本身的难度高，而是"觉得这件事情很难"这个想法限制了行动。当我们习惯了这样的限制就常常对它视而不见了。

生活中遇到想不清楚的问题可以通过语写解决。语写可以让我们快速地把头脑里的想法说出来，以便清空大脑，降低大脑负担，让大脑只专注于思考本身。随着语写输出越来越多，思考也越来越深刻、全面，说得越多，想得越清，记忆越深。

语写的时候，有时思维可能跟不上嘴巴，很难预设要说什么，想法和信念可能会脱口而出，说出让自己都觉得匪夷所思的话，但那就是我们最真实的想法。语写锻炼的是极速思维，也正是极速流动的过程，呈现了无意识的流动。

语写让我们每天都抽出一小时用心地聆听、探索自己，了解自己是如何看待过往发生的事情。以自己为镜、以自己为师，重新审视过往深信的自我限制，有时只是看见了，问题就迎刃而解了。

笃行致远，日积跬步

语写是一个雕琢自我的工具，更是一种修行。当在语写中找到自己的行为模式后，就可以升级心智模式。语写不是简单的技术工具的使用，而是日复一日的践行，是一个修心、修言、修念、修行（为）的过程。

不积跬步，无以至千里。语写就是日积跬步的过程，是行动上不断改进的过程。通过语写 App 可以精准地知道自己的数据，了解自己要完成的目标，以及需要如何调整时间和精力。

有人顾虑不停说话，会说很多"废话"，担心做无效练习，就想停下来。其实人原本就有这样的需求，当在语写中说得足够多时，会发现在生活中讲自己认为的"废话"的概率降低了，别人也更愿意听你说话。语写圈里，一个伙伴语写输出累积达

008　语写高手：实践证明存在

5000万字，在一次偶然发言中，一气呵成不打草稿，逻辑缜密、口齿清晰，让人印象深刻。当初他也是从不知道怎么表达开始的。改变不是一蹴而就的，日积月累带来的改变才会是巨大的。

从语写中获取的价值

通过语写收获的价值十分多元化，而且极富个人特色。在关系、成长、心态、作息等不同维度，不同的人获取的不尽相同。语写是照见自己的镜子，也是照见现实的工具。

语言除了能影响人们对生活的体验，它还是激活大脑的媒介。通过语言我们可以改进与他人的关系，如夫妻一方无法把心里话说给另一方听，通过语写锻炼了语言表达能力后，慢慢地，夫妻两个人的关系越来越好，最后双方一起来语写，共同话题越来越多。

有人通过语写建立了信心和积极的心态，打破了一次又一次的成长瓶颈和极限。我们每个人都有资源性的信念和限制性的信念。通过语写可以找到自己的信念，并加以调整，建立起更加积极正向的有资源的信念，更轻松地应对自己的生活和目标。

有人通过语写提高了时间管理能力。经过语写训练后，以前需要花费24小时才能完成的任务，现在再抽出1小时语写，居然也能完成。为达成目标就需要审视过往使用时间的方式，有时时间不够反而会帮助我们学会分辨什么才是重要的，进而在生活当中开始舍弃不必要的事情，更有效地使用时间，提升时间价值。

很多人都知道"要事优先"的道理，可一旦陷入应接不暇的事情中，就无法分辨什么才是要事。每天语写意味着为自己提供了连接自我的机会。在过程中梳理内在，清空大脑，让自己慢下来，找到真正需要做的事情。当我们懂得优先思考"什么是对的事"和"怎么把事情做对"时，效率自然也就提高了。

语写强调的不是一次做到，而是持续稳定去坚持。大脑如果过于疲劳，走神或注意力涣散的情况就会大幅增加。要想保证每天都有充沛的精力，以稳定完成语写任务，就需要保证充足睡眠，避免熬夜，并逐渐养成更加规律的作息习惯，从夜猫子变成早起的人。

语写需要不断输出，它是一个输出倒逼输入的过程。为了能更好输出，很多人开始阅读，加强学习，继而养成阅读、学习的习惯。

有人通过语写提高了情绪管理能力。有压力时，如果环境不合适，你不一定能把内在情绪抒发出来。而语写的时候，不需要完美的听众和合适的氛围，你自己就可以把内心感受讲出来，让情绪带来的压力得以释放，可以更好地看到情绪底层和更深层的一些需求，也能够正向地表达自己的需求。

语写是一个不断输出的过程，想到什么就直接说出来，大脑思考的速度也会因此变得更快。在语写中，时常会有一些主题被反复说，因此我们还能学会多角度思考那些主题。思考的层次和深度得到提升后，思维会更清晰，表达能力也会提高。

大多长期进行语写训练的人很少抑郁，通常更愿意为自己的人生负责。在语写时会有更多的机会看到自己的旧有模式，并能主动从自己身上找到可改进的点，而不会把希望全部寄托在别人身上。当把注意力拉回自己可以做的事情上时，就有了更多的主动权。当我们愿意承担属于自己的责任时，也就拥有了更多内在力量。

有些感悟如果没有办法及时记录，很可能就被遗忘了。而语写可以随时记录下生命中的重要时刻。等回看的时候，会发现人生中有很多重要的转折点。语写写的是自己的过往，如果想要创造全新的未来，就要改变旧有的模式。以自己为师，日积跬步，结合自己的独特性找到适合自己的成长道路，更好地创造想要的未来。

语写的魔力

看见自己眼中的世界

古希腊哲学家亚里士多德说过:"口语是内心体验的象征,文字是口语的象征。"言语既反映心理体验,也塑造心理体验。神经语言程序学创始人理查德·班德勒认为,"谈论"某事不仅仅是简单地反映我们的观点,实际上也在创造或改变我们的观点。因此语言是实现意识或无意识心理过程的工具。

普通语义学奠基人阿尔弗雷德·科日布斯基提出:"语言是一种地图或世界观,可以概括和总结我们的经验,并传递给他人。"他认为语言的归纳能力造就了我们比动物更强大的进步,但对语言的象征机制的误解、误用也带来了许多的问题。当我们在用语写表达自己的感受体验时,也是在表达着我们对这个世界的理解,也展现了我们个人的独特存在。

有些人不擅表达,说话一不留神还会引发误解。语写可以没有任何顾忌,既不用担心自己的表达会给他人带来负担,也不用担心因表达不精准而带来误解。这样畅快淋漓的创作体验是非常棒的。

美国著名的心理学家阿尔伯特·艾利斯说过,我们对外界的问题会做出何种反应,本质上并不取决于我们遇到的问题,而是取决于我们的信念、看法和解释。心理学领导力权威专家罗伯特·迪尔茨也认为信念是神经语言的编程。我们相信什么,才会在现实中创造什么。通过语写看到已经创造的现实是因为什么信念,同时未来想要创造的梦想又需要什么信念,也能重新塑造更适合的信念。

生活中的琐事引发情绪波动是很正常的。被情绪主导行为往往是"不识庐山真面目,只缘身在此山中"。把情绪说出来,本身就是一种缓解情绪的方式。当我在生活中遇到一些不开心的事情后，通过语写，自己说着说着就想开了。我记得自己刚开始语写时，恰逢国庆假期，在语写时的某一刻获得了一个很棒的领悟，瞬间有种"打通任督二脉"的感觉，一下子豁然开朗，长久的困扰在那一刻烟消云散，那种神清气爽的感觉至今印象深刻。

底层习惯调整

语写就像一段人生的缩影，有时我们觉得有些事情值得去做，但尝试一段时间又会开始自我怀疑，质疑其价值。在这个时候我们很容易放弃，并养成放弃的习惯，而语写可以帮助我们调整这个习惯模式。

失败的人在不想做什么事情时，总会找到一些理由让自己心安地放下。而成功的人往往在别人看不到希望、看不到价值的时候，依然坚持做正确的事情。降低启动门槛，开始第一步是养成好习惯的关键。语写 App 十分容易上手，随时可以开始使用，使用中也完全无压力。这也让我们在遇到挑战或不想写的时候，就跟自己说："只写 5 分钟。"而大多时候，只要开始了，后面就很容易了。

语写每天的最低标准是输出 1 万字。通常在玩了几次"只写几分钟"的游戏后，不知不觉就达到目标了。当人们达到目标时，都会有一种完成任务的满足感，感受到体内产生的有益化学物质，感受到温暖和美好。这些正向的反馈，更容易帮助我们养成好习惯。语写可以利用碎片时间，哪怕 1～2 分钟也可以。如果自己什么也想不到，就把当前的感受状态记录下来，不知道说什么就说："不知道说什么。"很快就会有话题。

刚开始语写的时候，我找不到有什么事情能坚持做超过 10 天的，哪怕按时吃饭睡觉都做不到持续稳定。用"三分钟热度"来评价自己是最贴切不过的了。每一次语写遇到困难和卡点时，剑飞老师就会及时指导我，只是简单几句话，我就能马上恢复能

012　语写高手：实践证明存在

量继续写下去。剑飞老师每天还会查看我的学员作业，深入了解我的状态，并给出精准的指导，这让我有了突飞猛进的变化。很快，我惊讶地发现自己持续语写的天数比想象中要多得多。

实打实的数据告诉我，我是有自控能力的。于是我在语写中更加地肯定自己，鼓励自己，决心做一个自律且有毅力的人。语写 App 显示的成果不断给我摁下确认键，让我相信自己可以做得更好。不仅是在语写上，我在其他方面的自信心也有了很大的提升，内在自我身份的认知也不同了。

经历语写的平台期获得的经验是一笔宝贵的财富。当面对无价值、无意义感的阶段时，只有走过去了才会明白，所谓的价值和意义不是先看到才能获得，而是在做的过程中创造出来的，是因为做到了才有了价值和意义。这些话不再是道理，而是切身的体验。

达成目标的能力

不是每个人都想成为作家，也不是每个人都想成为演说家。但每个人都应心怀梦想，对未来有期待，语写恰恰能帮助我们达成这个目标，因为语写培养的底层能力是目标达成的能力。目标越远大，需要跨越的障碍越多。当不想做某件事情的时候，我们可以想出无数理由让自己心安理得地放弃，而想做一件事情，一个理由就够了：要做。

拿破仑·希尔认为，成功的关键之一是要有明确的目标，有目标才会成功。目标的作用不仅是界定追求的最终结果，更是成功路上的里程碑。很多人之所以无法达成自己理想的生活状态，通常是因为没有设定目标或忘记已设定的目标。那些真心想要创造的愿景和目标会在语写中频繁出现，大大降低了让你遗忘的概率，也会提升达成目标的概率。

生活是无常的，要想稳定地达成目标就需要降低生活中的随机性，提升抗逆力，而能力的提升则需要不断练习。语写一年中，我们至少有365次机会练习排除困难达成目标，在繁忙的表象下找寻可用时间，并精准地锚定目标。而这些能力都是很容易迁移到其他目标上的。

往事不可追，来者犹可忆

刚开始语写时，我常说一些鸡毛蒜皮的事，内容别说跟名家名篇比，就连和小学生作文比也逊色不少，简直没法看，自己还常沉溺于过去不能自拔。随着语写的推进，那些家长里短、过往的磕磕绊绊，我很少有兴趣在现实生活中说了，之前因为原生家庭的一些困扰，常常挂在嘴边的思想包袱，也很少提及了。慢慢地，这些事真的变成了过往的经历。我在语写中遇到的一些障碍已经排除了，有些"老旧的故事"已经没有兴趣再讲了，我把注意力更多地放在怎样创造更好的未来上了。

以前我从来不觉得自己是个长跑型选手，在语写人的圈子里，表现得也不那么突出。可坚持语写的两年时间里，我充分体验到语写带来的高效率。当初学语写，就是因为没有时间，后来我发现语写输出得越多，工作的效率越高，可用时间越多。

那时我每天都想快速成长，内心十分焦虑，由此引发了各种问题，熬夜也是家常便饭。剑飞老师知晓后告诉我，要及时调整作息，多休息。我把这些话当成耳旁风，觉得自己还年轻，可很快我的身体就出现了问题，肺部恶性肿瘤需要手术。得知这个消息后，我却好像松了口气，在语写中我还惊讶地发现自己潜意识里居然是希望自己生病的。

那时我学习应用心理学不久，意识到自己有很多的功课需要做，便开启了自我疗愈的道路。我利用自己的专业技能，借助语写做自我锻炼，转化了很多限定性的信念。以前我觉得自己很失败，被生活搞得灰头土脸，是个平庸而失败的女人，对生活不抱什么希望。语写记录下了我对自己最失望的一段时光。

语写也记录下了我重新出发的时刻。通过内在转化，我看到了生活给我的礼物。还记得那天在十字路口等红绿灯时语写的情境，我为自己许下了一个新的承诺，我要开启全新的人生，重新成长一次。

虽然我并没有时常回看自己语写的内容，但那时的感受让我记忆犹新。语写不需要每天回看自己到底写了什么，记录本身就给了足够的"红利"。偶尔翻开语写中过往的内容，看到自己说："我会成为非常优秀的心理治疗师，会帮助很多人。"现在我有了很多新的身份：国际生生不息催眠协会认证高级催眠疗愈师、纽约 NLP 中心认证 NLP 专业执行师等。我已经走在了实现梦想的道路上。

我并不是唯一一个在语写中写下自己的梦想，并在现实世界中实现梦想的人。生活并不需要每天写 1 万字，但有这样一群人每天都在做这样的事情，并不断挑战新的极限。语写的这群人真的是非常独特的一群人，下面给大家说说语写人的优势吧。

语写人的五大优势

积极主动

语写人最显著的特质是积极主动。语写人中有不少人的个性偏内敛，但这一点也不妨碍他们表达自己丰富的内在世界。随着输出越来越多，他们慢慢也会呈现积极、主动的精神面貌。

在语写中会碰到很多问题，如果跟自己说："这没用，还是算了吧。"那通常语写目标就没办法完成。要想完成目标，就必须有坚定的勇气、决心和面对困难调整心态的耐心。

很多语写"大神"在生活和事业中已经创造了很多的成果，但刚开始语写的伙伴大多都是平常人，语写成长过程并不是一帆风顺的，没有完成语写目标也是常有的事。没达成目标就积极调整自己，重新开启新的语言旅程。虽然我们无法预知未来，但可以学着积极适应，学着用正确的心态面对，培养良好的习惯。只有经历一次次的挑战，内心才会越来越强大。成功无一不是战胜挫折而取得的，成功无一不是血汗的结晶。

专注

语写要求每个字必须原创，即便是"说废话"也要是自己说的，而不是照着书念的。因此语写时，必须集中注意力，保持不间断输出。

以前，我觉得要在繁忙的一天中抽出一小时语写很困难，但语写人都非常擅长从看起来不可能的一天中找到实现目标的机会。语写人更专注于目标。

大脑处理信息是实时性的，我们在思考一件事情的时候就没有办法思考另外一件事情。通过语写把分散自己注意力的事倾倒出来，让注意力可以集中在更重要的事情上。做事自然也会变得更加有效率，更易取得成果。

勇于挑战，突破极限

几年前，大多数语写人还在为1天1万字而努力，而现在有的语写人1天最高纪录可以达到40万字，每天10万字更是常事。语写人就这样不断突破极限、刷新极限。

无论是语写马拉松，还是语写极限挑战，都是语写人突破极限的游戏，是语写人在时间、精力、体力、心理状况、专注力、

016　语写高手：实践证明存在

自制力、目标规划力，甚至家庭关系等方面均衡的挑战。

我在这些挑战的过程中，做到了从一天 4 万字到一天 8 万字，再到一天 12 万字，再到一天 20 万字。尽管一天输出了那么多内容看起来没什么显著价值，但这种在面对困难突破极限时锤炼出的内心的坚定和力量是最宝贵的。再次遇到困难挑战时，内心会生发出一份战意和自信，做到自我认同。

语写人总是不断地做自己能做的，并做到极限。语写人的记录，语写人自己创造，自己维持，自己打破，自己刷新。语写人不但不惧怕挫折，反而重视挫折。语写人懂得通过数据的反馈，再加上剑飞老师的及时指导，不断找到适合自己的节奏，稳定地朝着目标前行。

自制力

如果热情是促使人采取行动的重要原动力，那自制力则是指引行动的平衡轮。语写是非常注重系统的整体平衡的。语写是一个需要长期持续做的事情，更看重长期的稳定性。

语写人都知道稳定是高手的特征，而稳定需要良好的平衡。为了稳定完成语写目标，语写人需要掌控自己的时间，充分考虑工作、生活等各方面的需求，做好规划。虽然生活中的很多事情不可避免地具有随机性，但我们可以把自己能做的尽可能做到极致。

语写人为了能更好地完成练习，会有意识地减少随机性，梳理自己天马行空的想法、五花八门的欲望，并和自己达成和解。当没有了那么多的冲突，内在一致性就更好了，也不需要那么多的"控制"，自制力不知不觉中也越来越好。

长期践行

语写的伙伴中大多数都是长期主义者，语写久了，大家会觉得很多事情只要自己愿意，就可以长期做下去。语写锻炼了大家把一件事情做长久的能力。语写人认为把一件事情做 3~5 年才是自律的开始，多年的练习让认真践行的品质早已经在内心扎根。

面对新事物，语写人不会因为害怕做得不好而裹足不前，而是积极行动，在做中学，学到了就去践行，验证所学到的内容。

语写帮助我们内化了很多成长的底层能力。在语写中培养的内在力量和能力非常容易迁移到其他的事情上。语写本身可能不是人人需要的，但语写培养的能力对每个希望成长的人来说都是有帮助的。

借助五种隐喻,全面理解语写功能

段一邦

作者介绍

人力资源领域从业者，现就职于世界领先的跨国森林工业集团，从事企业培训管理工作；"85"后奶爸，父母游戏力®认证讲师；2019年1月1日开始语写训练，至今已完成2500万字的输出，同时连续1000多天每天输出1万字以上。

020　语写高手：实践证明存在

隐喻，也称暗喻，是修辞学范畴中的一个术语。它是指用一种常见的物体或概念来代替另一种物体或概念，从而暗示它们之间的相似之处，常在本体和喻体之间使用"是""成为"等动词来联系。语言学大师乔治·莱考夫在《我们赖以生存的隐喻》中写道：

> 隐喻的本质就是通过另一种事物来理解和体验当前的事物。

对于初次接触语写或进行语写练习时日尚短的朋友而言，从正面直接回答"语写到底是什么""语写究竟有什么好处"略显苍白，意义不大，因为缺乏自身体验且仅靠头脑层面的信息并不足以带来意愿上的改变和行动上的开始。因此，我将借助自己四年2500万字的语写经验，并利用自己创造的五种隐喻，向大家展示语写的独特魅力，使得大家有机会勾画出关于语写相对立体且丰富的"形象"，激发出兴趣，愿意迈出语写尝试的第一步，并继续下去。

语写是容器，让你"心安即归处"

语写是一件极其私人化的事情，是一段只属于自己的旅程。在语写中，我们可以说出任何自己想要表达的内容而不必担心遭受他人的揣测、评判，甚至批评，我们将有机会聆听到自己内心深处最真实的声音。

回忆一下，你上一次无所顾忌地传递自己的观点、态度，释放自己的情绪是什么时候？在职场、家庭、学校等不同的场合下，我们的多重身份要求我们能够化身"千手观音"，去完成各式各样的任务，压力与烦琐无处不在，再加上条条框框的约束，我们被要求考虑到方方面面，但唯独自己的情绪得不到照顾。恰恰相反，"被看见"似乎已经成为一种奢望。

心理学中有一个关于"树洞"的概念,它指的是一个承受秘密、私事的地方,可以让我们倾诉,卸下内心重负。如果你已经拥有一个安全的"树洞",那么恭喜你,在这一点上你已经比大多数朋友幸运;而如果你正在寻找一个这样的地方,那么不妨试试语写。语写过程中,因为不会受到任何外界因素的干扰或影响,我们可以自由自在地输出、吐槽,甚至宣泄。不论是来自工作任务 Deadline(截止时间)的无尽压力,还是家庭生活的一地鸡毛,抑或是面对未来发展的焦虑不安,都可以在语写中任由情绪喷薄而出而不必担心他人对你指手画脚。

美国著名人际神经生物学家丹尼尔·西格尔博士在《全脑教养法》一书中说道:

> 为了把故事复述得合乎情理,左脑必须用词语和逻辑把事件整理好,右脑则致力于处理身体感觉、原始情绪和个人记忆。这样我们才能看到完整的图景,传达自己的体验。这正是写日记和讲述艰苦经历,具有强大的治愈作用背后的科学道理。

这段话最核心的概念是:我们需要整合左右脑来理解自己和所处的世界。当我们在体验了强烈的情感后,就需要借助左脑的力量,即语言和逻辑,来搞清楚到底发生了什么。只有这样,我们的情绪才有机会得到抚慰。语写的过程,恰恰是整合左右脑的过程,更妙的是,我们无须纸笔,仅凭借口述这种更便捷的方式便可以完成整合,也无须一个恰到好处的 Timing(时机),当下就是最好的选择。

打开语写 App,或轻声低语,或义愤填膺,将那些苦闷倾泻而出;如若四下无人,更是可以号啕大哭。一方面,我们卸下了千斤重担,另一方面,我们也完成了和情绪分离的过程。当我们和情绪剥离之后,会更有能力看到、面对,以及处理情绪,取代那种任由情绪成为自己的主人和掌控自己的心智与行为的体验。

022　语写高手：实践证明存在

情绪管理是当今社会人需要直面的重要课题。从树立科学健康的情绪观，到培养并掌握更专业的方式来进行情绪调节和心理复原，都不是容易的事情。假如我们能利用好语写，把它当成梳理情绪的自助工具，就能够用更短的时间把自己从"情绪泥沼"中解救出来，把注意力重新投入到应该去往的地方。强大的心理韧性，是我们不断前行的最大保障，唯有内核稳定，方能不惧风浪，从容不迫。

语写是沙盘推演，极致打造靠谱人设

沙盘推演借鉴自软件开发的"测试环境"这一概念，指在一个独立环境中对程序、功能等进行测试而不对正式环境造成影响，现已在商业、军事、建筑等领域得到了广泛应用。

我认为，沙盘推演最大的好处在于利用接近甚至复刻真实场景的环境，用较低的成本和代价完成既定任务的模拟和演练，发现可取和不足之处，并进行修正，从而提高真实情境下的获胜率。我个人非常擅长在语写练习中进行"沙盘推演"，接下来和大家分享三个典型的应用场景。

第一个是工作的场景。

作为一个成熟且专业的职场人士，在面对任务时，我们需要至少准备两套甚至三套方案，来应对可能会出现的不同情况。那么第一步就需要思考，可能的方案有哪些，它们之间的关键区别是什么。

第二步需要模拟采取不同方案时可能会出现的情况是什么。通过这个过程，我们就可以找出各种方案的优劣势，并进一步判断不同优劣势造成的影响是怎样的。比如，A方案所需时间最短，但可能在成本上不占优势；而B方案所需预算最低，但交付物的质量只是中规中矩。

第三步基于优劣势及其造成的影响，对不同方案进行排序并做出最佳选择。如果在处理问题做出决策前能够完成这三步，想必可以让你的工作更加游刃有余。事实上，即使不通过语写，我们也能够完成这些工作；但若是能在语写中完成整个思考过程，就相当于花了同样的时间，完成了"想清楚"和"说明白"这两件事，可谓是事半功倍！

　　第二个是社会交际的场景。

　　我们总是或紧密或松散地处于人际关系网络中，人情世故无处不在，一个非常典型的场景便是回礼。当我们受到他人帮助，尤其是我们因为受到这样的帮助而获利后，于情于理我们都需要采取一些行动来表达感谢，尽到应有的礼数。

　　中国人讲究礼尚往来，除了要做到有来有往，还要注意平衡甚至是对等。但这并不容易，往往需要深思熟虑，方能做到周全。这时如果我们能利用好语写这个工具，仔仔细细地对事情进行分析，罗列可能合适的不同预算的礼物，并推演不同预算的礼物可能会达到的效果，那么就能实现逻辑的自洽。

　　最后是休闲娱乐的场景。

　　这个场景或许不如上面两个场景那么一目了然，容易理解，但由于我偏好更加积极主动的休闲娱乐方式，因此语写也有用武之地。

　　我们之所以需要休闲娱乐，最主要的原因是它可以用来缓解生理上的疲劳、减轻心理上的压力，它是放松心情的场所。但你真的知道什么样的休闲娱乐方式是效果最好的吗？你还记得上一次进行了某种休闲娱乐活动之后的感觉是什么样的吗？那真的是性价比很高的休闲娱乐方式吗？

　　我时常会在语写练习中，详细地回顾我的休闲娱乐的方式、时长，以及经过这样的休闲娱乐后我是否得到了充分的休息和调整，下次会不会有更好的选择？当我进行了这样的回顾之后，便为我下次进行主动选择前的"沙盘推演"提供了很好的参照。如果不是语写，我大概不会做这样的"沙盘推演"，也应该不会关注不同休闲娱乐方式给我带来的影响。

无论是工作汇报，还是人情往来，又或者是积极主动的休闲娱乐，由于我们事先进行了大量的思考并且通过语写将整个过程进行反复推演，使得这些内容都能够在我们的脑海中留下更为深刻的印象。根据大脑的髓鞘化发展，长此以往我们将会更加擅长这种思考和处理问题的方式。

如果把这个过程做进一步的外延和抽象，实际上是一个目标设定、过程执行、结果校验以及持续优化的过程，也就是我们常说的目标制定与管理。在不同情境下，面对不同任务或问题都可以遵循这个流程，在自己的可控范围内，力所能及地做到极致，改变可以改变的部分，取得一个又一个成果。一旦将这套流程纯熟地应用到日常工作和生活中，我们不仅能呈现出靠谱的专业形象，得到利益相关方的信赖，还能因为这种潜移默化培养出来的特质获得越来越多的机会，从而形成一个正向螺旋效应。

语写是盲盒，永远有惊喜在等你

近几年盲盒在我们的生活中无处不在。从最开始的泡泡玛特，到后来的零食盲盒、文具盲盒，甚至现在连买书都有盲盒。盲盒受到如此追捧，自然和它能够带来惊喜的属性离不开。语写也是如此，常常会让人直呼意外！

前面提到语写是一件私人化的事情，我们可以"想说什么就说什么"。看似无序，实则为我们提供了相对自由的空间。电影《阿甘正传》中有一句经典台词，能够恰如其分地传递这种意境。

Life is like a box of chocolate. You never know what you are going to get.

（生活就像一盒巧克力，你永远不知道下一步会怎么样。）

回顾过去 1000 多天的语写练习，我的语写内容覆盖了记录生活、处理情绪、准备演讲稿、复习考试、管理目标、创造未来，等等。

你可能会说自己过着两点一线、日复一日的普通生活，完全不值得记录。但通过语写，你会惊奇地发现平凡的日子里也有着数不尽的温暖瞬间。或是看到了路边水泥砖缝中顽强生长的小草，或是闻到了早餐铺里飘出来的豆浆的香味，或是尝到了妈妈做的那一碗红烧肉，又或是抚摸到了楼下花店老板养的那只猫。生活不只有 KPI（Key Performance Indicator，关键绩效指标），只要用心，平凡的生活也可以抚慰人心。

你可能也会好奇，语写居然还能用来准备演讲稿、复习考试？语写是工具，我们是使用工具的人。即便是语写创始人剑飞老师，他也没有规定语写能用来做什么，不能用来做什么。恰恰相反，语写具备极强的可塑性，一千个语写练习者能找到一千种它的用途。

记得有一次，我受邀用英语主持一场时长 3 小时的沙龙活动。虽然是我驾轻就熟的活动主题，但因为需要使用非母语，为了现场效果，我决定准备逐字稿。但使用键盘进行输出的效率略显低下，我干脆在当天的语写练习中，用英语构思和整理我的逐字稿，并进行反复练习和调整。语写练习结束时，我的逐字稿也基本成形，而且我进行了不止一遍地练习，为现场交付提前进行了彩排。

最近，我利用语写进行了一次新的尝试。我有一个四岁的儿子，尽心尽力地陪伴并见证他的成长对我来说意义重大。我之前一直想着找时间写日记，记录我在教养孩子过程中的亮点和不足，以此来反省自己，让自己做得更好。但却总是因为找不到合适的时间而断断续续，直到放弃。

后来我意识到，可以把这个环节固定安排在每天语写的第一部分内容里，回顾前天和儿子在一起的喜怒哀乐。最开始语写时我没有给自己设定具体的要求，有话则多说，无话则少说。但经过一段时间之后，我给自己设定了要求，无论如何都要想方设法说到某个字数。

这样做有什么好处？最直观的收获是我需要用更小的颗粒度来观察孩子本身的行为以及我和孩子之间的互动，而更小的颗粒度也意味着更多的闪光时刻和更细致的改善点。如果用 8 倍镜来观察孩子的行为，或许只能看到他做了什么和没做什么，但换上 16 倍镜之后，往往能进一步地体会到孩子某种行为背后隐藏的意图。

讲一个让我印象深刻的故事。某天我下班回到家后，奶奶向我"投诉"，儿子在玩动力沙的时候，找了个凳子放在客厅的空调前，站上去之后把动力沙从出风口倒了进去。炎热的天气，加上工作一天之后的疲劳，使我的耐心值直线下降，进一步导致了我对儿子行为的不耐受。在接下去的二十多分钟里，我严厉地批评了他，并对他的哭闹和需求采取了不理睬的态度（尽管我知道这是极其不可取的），最后好不容易才控制住了自己想要动手的冲动。

发飙不能解决问题，对下一次如何可以做得更好更是毫无贡献。我在事后通过语写进行反思后，意识到一个非常重要的问题，那就是我忘记从儿童的角度看问题了。受限于儿童生理和心理的客观发展，儿童眼里的世界通常和我们成年人的是不一样的。在大人看来，孩子往空调里倒沙子是"犯浑"，但孩子可能认为，他在进行某个实验或正为自己的新发现而感到骄傲和自豪。

从发展的角度看问题，孩子在绝大多数情况下的"胡作非为"恰恰是发展的表现，是取得进步的证据。所以我就提醒自己，不要忘记给予孩子行为规范上的指导，也不要吝啬对孩子勇于尝试的鼓励。这不是两件自相矛盾的事情，而是一件事情的一体两面。

只要我们去语写，不管是哪个阶段，都会有所收获，并且不同的阶段会收获不同的体验和乐趣，就像开盲盒一样，惊喜不断。这些意外惊喜恰好为我们构建了一个能持续下去的微观情境，让我们知道，面对语写，我们总是可以有所期待的。

语写是杠杆，四两拨千斤撬动平衡人生

在前面三节中，我通过容器、沙盘推演和盲盒三个隐喻，重点介绍了在语写练习过程中，我们可以说什么，以及通过输出这些内容可能会有什么收获。在接下来的两节中，我想和大家一起"跳出语写看语写"，了解在更长时间维度上，语写将如何影响我们的人生发展。

提及杠杆，大家耳熟能详的一定是"给我一个支点和一根足够长的杠杆，我就可以撬动地球"这句话。如果把语写作为那个支点、适当的时间作为杠杠，我们就有机会撬动一个平衡的人生。

1小时1万字是语写练习的入门要求。在本就忙碌的生活状态中，再去做多，似乎并不合理；但如果可以正确认识到语写的价值，反而可以利用它得到妙解。

首先，做少得多。无论是在校学生还是职场人士，无论是企业高管还是全职妈妈，每天要做的一件事就是不断地缩短自己的待办清单。一股脑儿地列一堆待办，稍微排个优先级，然后就开始闯关，一天中总是忙忙叨叨的。但这个解法实际上很普通。那更巧妙的解决方案是什么呢？是做那些从长期看一定会给自己带来发展的事情，而对于那些可做可不做的事情，尽可能不做。

028　语写高手：实践证明存在

于我而言，语写练习就是这样的日课之一。现在我需要每天留出 1.5 小时来做这件事，但一天的时间还是 24 小时，我就必须从其他地方节约出 1.5 小时。最开始的时候，因为人的天性是厌恶改变，所以抛弃已经非常熟悉的事物，重建新的流程和方式，自然是痛苦的。但通过一段时间的语写练习，答案便会自然而然地出现，我们每个人都有这样的能力。

其次，持续稳定创造舒适的节奏感。今年是我做语写练习的第五个年头，目前我基本上把自己语写练习的时间稳定在早上 6 点到 7 点这个时间段。这样的习惯有什么好处呢？这相当于给自己安排了一个日程，而为了落实这个日程，我就需要统筹协调自己的其他时间。

怎么理解呢？如果我要早上 6 点开始进行语写训练，就意味着我最晚 5 点 30 分得起床；而如果要 5 点 30 分左右起床，前一天晚上最晚 11 点得上床睡觉，不然第二天早上起不来；如果晚上 11 点就要睡觉，那晚饭后到睡觉前的这段时间该怎么安排，也就一目了然了。所以一个持续稳定的行为背后是需要一连串持续稳定的作息来支持的。而持续稳定的作息看似无趣，但恰恰是最节能的选择，也是让人感到最轻松舒适的一种安排。唯有轻松，方能长久。

最后，语写练习的过程也是"创造时间"的过程。语写的过程是一个完全自由的过程，是一个充分创造的过程。你想怎么利用这一个小时，想说什么内容，都是可以的。我们可以把自己的实际需求想办法和语写结合在一起，利用时间统筹法，提升时间效率。在语写社群中，我们常说一句话：工作和生活越忙碌，越要进行语写练习。这个反常识观点的背后实际上反映了语写的杠杆功能。社群中有着不同背景的伙伴，他们正借助语写的力量，慢慢过上了那种平衡从容的生活，活出了自己想要的样子，也活成了其他人的榜样。

语写是孵化器，倍速创造人生成果

科技企业有孵化器，我们也可以把语写看成自己的"孵化器"，面向未来，加速个体成熟，促进个人成果的转化。

史蒂夫·柯维在《高效能人士的七个习惯》中提到了"以终为始，两次创造"的概念。具体来看，任何事情都是由两次创造而成的，先在头脑中构思，即智力上的第一次创造；然后付诸实践，即体力上的第二次创造。

在语写练习中，我们会借助"用完成时描述未来"的概念来进行二次创造。举个例子，我们不说"我希望自己在2030年可以取得博士学位"，我们会说"现在是2030年的6月30日，我刚刚参加完XX大学的博士学位授予仪式，从今天起就是一名Ph.D（泛指学术研究型博士学位）了。"语言就是生产力，这样的表达方式会给我们心理暗示，一方面"已经成为"自己希望成为的样子，会让我们变得积极而自信；另一方面也在潜意识中播下种子，我们会付诸行动，朝着那个方向努力。

语写最重要的功能莫过于面向未来，书写未来，创造未来。我们在语写过程中会思考自己在一定时间后希望取得什么样的成果，实现之后是什么样子，并用具体的语言描述出来。这样当我们在头脑中完成第一次创造之后，便会更容易在当下采取行动，朝那个方向努力。我们现在的样子，不是由现在决定的，而是由过去3～5年里做的事情决定的；而我们未来的样子是由现在做的事情决定的。语写，可以让未来提前到来。

在剑飞老师提供的服务项目中，人生规划可以被称为语写的最佳伙伴。什么是人生规划呢？简单来说就是以每一年的生日为节点，用完成时的语句记录从现在开始到自己100岁时每一年的状态。上文提到的获得博士学位就是一个范例。

除了对自己期望中的成果进行描述，我们还可以畅想自己的未来生活。比如，"现在是 2063 年的 12 月 31 日，我和 70 岁的老伴正手拉手坐在广东珠海情侣路海滨浴场的沙滩上，看着海浪，听着鸟鸣，准备欢度新年。"

要想实现这幅场景，至少需要具备健康的身体、和谐的家庭环境；如果要在 40 年后满足这些条件，我们从现在开始可以做哪些准备工作呢？如果一些事情一定要发生，那么越早做准备越好。看到这儿，是不是有点感觉了呢？

我们总说要做自己的主人，但怎样才能真正实现"我的人生我做主"呢？这个答案不是一蹴而就的，而是需要我们在思想上先放下担心和抱怨，放飞自我，大胆畅想，提出一个又一个可能，创造一种又一种生活方式，进而在行动层面跟上思想，在不断尝试过程中进行打磨，这样才有更大概率按自己的意愿过一生。

观察、思考和探索，语写带来幸福人生

前面我通过五种隐喻向大家介绍了语写的功能，最后我想用观察、思考和探索这三个关键词总结语写带给我的真实改变。

我们观察自己，也观察周围的人、事、物。几年语写练习下来，我观察生活的颗粒度变得更加细微，而这种习惯的养成最开始只是因为语写有 1 天至少 1 万字的字数要求，有时觉得无话可说但距离基本线还有差距时，只好想尽办法说得细一些。慢慢地自己的观察习惯就发生了改变，更让我意想不到的是，这种改变给我带来了额外的喜悦和价值。

之前我只能看到一棵大树，但现在我会注意到树干上的蜗牛；之前只顾低头赶路，对周遭不闻不问，但现在也会环顾左右，看看和我生活在同一片土地上的其他人的生活。有时为了增加体验，我会特意给自己安排一些先前从未做过的事情，比如，在晚上11点出门，感受一下小区街道的烟火气；坐在火车站广场的长椅上，观察行色匆匆的旅人们；注意其他家长和孩子的互动方式，对比我的教养行为，提醒自己有则改之，无则加勉。

我们思考现在，也思考过去和未来。美国心理学家丹·P. 麦克亚当斯有一部作品，叫作《我们赖以生存的故事》，这本书的副书名是"如何讲述过去的故事，决定了你的未来"。我们的生活就是在不断创造着自己的故事，回答着"我是谁"的终极提问，这反映了我们整个人生的叙事同一性。诚然，我们无法修改发生在过去的故事，但可以采取不同视角和叙事基调来反思过去是如何影响现在的，以及我们能够如何带着这些影响去更好地创造未来。

在语写练习中，我们会回溯人生故事并进行反思：孩提时父母和我们的互动方式是怎样的？上学时我给老师留下了什么样的印象？参加工作后让自己最难以忘怀的经历是什么？我们回答着一个又一个关于人生的故事，而这些故事又将看似不同的自我整合在一起，最终打磨出一个让我们感到满意的故事，这也是语写带给我们以及子孙后代最美好的馈赠。

我们探索可能，在"思想实验"中进化。语写是进行"思想实验"的最佳场所，是创造无限可能的"平行时空"。这里的"思想实验"和"薛定谔的猫"不同，我想表达的是基于日常的观察和思考，我们可以在语写环境中构思不同行动的可能性及可行性。

并非所有的行动都可以且值得立刻付诸实践，甚至有些想法根本不具备行动的条件。但深思熟虑之后的判断和一拍脑门的决定相比，可靠性更高，更重要的是长期思考能够让我们保持思维敏捷，大脑强健。

　　观察、思考和探索，这三种行动既各自独立，又层层递进，构成一个宏大而又精巧的系统，在语写练习中为我们带来长周期、大范围的成长与进步，也支持着我们写下一段又一段独属于自己的人生脚本，构建自己生命的意义。若干年后再回首，得以说一句，感谢有你。

自我探寻：用语写打赢"内在"之战

樊瑞竹

作者介绍

语写千万践行者，2022年5月15日开启语写练习，现日均语写已达3.7万字，2011年通过国家司法考试获得法律职业资格证书，6年体制内基层法务工作者，转型自由职业后开启了助力学员"向内求索、向外绽放"的生涯规划师和演讲教练的事业。

现已用"生涯"助力500多名来询者向内探索到了职业和生活中的更多可能性并开启行动；已用"演讲"助力了2000多名学员突破自己向外呈现，敢于自信演说；已用"写作"采访了100多名持续成长的普通人，输出了93期公众号榜样人物专访；如今在用"语写"创造更多可能性。

当生涯规划师遇上语写，犹如发现了新大陆。这绝对是一款性价比很高的自我探寻"神器"，带上真挚好奇、简单相信和持续稳定，便可开启用语写打赢"内在"之战的奇幻旅程。

对很多已开启语写训练的同学而言，每多语写一天，便更深爱语写一点，它"牵引"着他们不断语写、不断觉察、不断复盘、不断向内探寻。当一切的发生变得越来越自然后，他们会更加深刻地体悟到：好的人生并非外求，而是内修而成的，每个人都可以通过整合和管理自己的生命资源，实现人生价值最大化，达到个人与社会的双重满意。语写便是整合与管理这一切的好助手。

语写的背后，是一群语写持续践行者逐渐发现永不停歇的好奇、浑然不觉的天赋、发自灵魂的热爱，最终成长为自己的样子的过程。这个过程既美好真实又坚定无比。因此，我想把语写这个工具背后的心法与技法呈现出来，让更多人因为语写打赢了"内在"之战，进而实现美好人生的重启。

做自己情绪的"拆弹专家"

在"生涯"咨询领域，我们咨询师有个"江湖规矩"，那就是一场咨询开启后需要先接住来访者的情绪，让来访者获得足够的共情与被理解。只有这样，接下去的咨询才会在信任感充足的场域里敞开进行。可见，一场咨询的顺利与否，"情绪炸弹"的拆除是关键。

但并非每个人在情绪即将爆发的时候，都会有咨询师"出手相救"，这时，成为自己情绪的"拆弹专家"至关重要。

因为每个人身上都或深或浅地隐藏着自己的情绪按钮，按钮背后连着一枚"定时炸弹"。一旦这个按钮被不小心按到，情绪无常的人便会爆发出巨大的情绪；而情绪稳定的人，自我的"内在"之战便已胜利一半。

身上隐藏着与人际关系相关的情绪按钮的人，他们平日待人非常友善，对每个人都很好，却总会被某类型的人激发出无名火；身上隐藏着与环境相关的情绪按钮的人，他们原本很开心，却在打开家门的一瞬间发现孩子又把房间弄乱了，突然就开始生气；身上隐藏着和自己相关的情绪按钮的人，他们在遇到由完美主义引发的拖延、自己的努力被误解等情况时，便会生气地自我回击，殊不知越回击情绪爆发越激烈。

这些情绪按钮的导火索总会时常不受控，绕过理智，直通情感，这时大部分人的处理方式就是藏着这个按钮，平时尽可能不让别人按到。然而躲避终究不是权宜之计，长久积压引发的情绪"爆炸威力"强大无比。这时，拥有一个随叫随到的拆除心智中的"情绪炸弹装置"很有必要。

众多尝试之后，我惊喜地发现语写竟是那个一直在寻找的"情绪炸弹拆除装置"，且能真正实现随叫随到。如果能科学合理地使用语写，每个人都能做自己情绪的"拆弹专家"。

"情绪炸弹拆除装置"之语写使用说明书。

（1）我们常常以为是事件引发了情绪，其实是你内心的想法引发了情绪。情绪只是信念的外显。这时可以使用"语写"这个工具将情绪快速外显成文字。

（2）尝试说出脑海里这些一闪而过的，影响了你情绪与行为的想法。这个过程被称为"凌乱思绪捕捉"。如果此时让你对别人倾诉，抑或是一字一句用键盘敲打、用笔手写，就会让你对记录一闪而过的情绪望而生畏，但用语写说出来，就变得容易便捷很多。

（3）"凌乱思绪捕捉"的过程需要一位倾听者，最好的选择就是自己，因为没有人比你更能了解自己，也没有人比你更能耐心地聆听自己。这时语写就成了你生命中那位可以随叫随到的"内心秘密守护者"。

（4）自我倾听有语写加持，不但可以获取内心最真实的想法，还能让"凌乱思绪捕捉"过程得以被记录下来。

（5）当用语写开启自我倾听，拆除心智中的"情绪炸弹"时，请保持发自内心全神贯注地说，不评判、不打断、不建议自己，并接纳自己的所有情绪，直至情绪得以平复。

（6）包含但不限于以上内容，可根据个人的情况、环境等，让语写这个"情绪炸弹拆除装置"成为自己的独家定制，进而实现自我情绪的持续稳定，真正成为自己情绪的"拆弹专家"。

我们在修心过程中经常会听到类似这样的话语："原谅一切，但不要忘记任何事。"

语写帮我们做到了。

语写新手春夏秋冬四季应对策略

持续的语写践行者会年复一年地经历语写春夏秋冬四季的更替，而沉下心坚持下来的人总会形成一套独特且专属的应对策略。但语写新手在语写开始的第一年会比较艰难，因为养成持续稳定语写的好习惯会历经一个漫长且会经常进入平淡期和倦怠期的过程。下面我会为你提供应对策略，让你顺利通关语写第一年的四季更替。

语写的春天

春天，给你的感觉是什么？冰雪在春光中悄然消融，万物复苏，绵绵春雨悄然而至，一切都很安静，又不失活力。

踏入语写旅程的第一站，你时常能感受到的是安静中又夹杂着不失活力的能量。你从最开始的陌生，到小心翼翼地靠近，再到尝试完成第一次 1 小时 1 万字的语写目标。这个过程中，你总能超越自己，1 小时就可以完成 1 万字的语写。但这里常夹杂着新手的幸运与激情，而激情终究会褪去。

这时你需要采取的策略是：更加清楚地意识到，春天是很好的向下扎根、向上生长的季节，你需要学会简单相信、听话照做，且不断培养持续稳定的能力。在保持自己的节奏的同时，在老师的指引下，让自己的这棵语写小苗的根扎得越来越牢固，而向上生长的茎也变得日益茁壮。

当然，每个群体里都会有那么一小群"叛逆"新手，他们总想打破剑飞老师用 10 年时间总结出的经验方法，他们总想忽视优秀的语写训练者走过的弯路，他们总想用自己独一无二的方式去证明自己是不一样的。殊不知，通常他们需要很多次按下"重启键"，才能让自己真正做到"向下扎根、向上生长"，才能让自己一次次应对平淡期与倦怠期。

这个时候，给予指引的老师，陪伴前行、给予鼓励的语写伙伴和可以大声说出来也可以悄悄藏在心里的语写榜样，对这些"叛逆"新手来说就显得至关重要。

语写的夏天

夏天突然而至，它给你的感觉又是什么？太阳几乎天天恣意横行，火辣辣地炙烤着大地。

正经历着炎热夏天的语写新手们渐渐呈现出不一样的状态。那群已经学会了"简单相信、听话照做"的语写新手，稳稳地度过了新手的平淡期，拥有了向下扎根、向上生长的力量，绽放出了灿烂的夏花。这是语写带给他们的能量，更是他们自己在语写过程中通过不断"堆肥"之后，获得的"内在"力量。

040　语写高手：实践证明存在

此时，他们需要的应对策略是：夏花很灿烂，果实的香甜也很诱人，但需深知，要想在秋天有硕果累累的丰收，就要借着夏天的风更加坚定、持续、稳定地生长。语写里最讲求的持续稳定之光，可以通过行动变得更加闪亮。

当然，除了他们，还有一小群从"叛逆"到扎根的语写新手，他们似乎慢了半拍，但也可以有自己的应对策略，即把握自己的节奏，"和牛人学，跟自己比"，不焦虑不慌张，走在自己的时区里，持续稳定地前行。

夏天的激情与热烈在给了大家热情澎湃的能量之余，也可能将一小群人"灼伤"。假如你是个有点心急的人，到了这个阶段，你的内心可能会发出一种声音问自己：

我都写了这么久，我到底是为了什么而写？我到底收获了什么？

如果没能给到自己一个自洽的答案和一个更长远而坚定的目标，你很有可能就会心急如焚地进行自我评判、否定，甚至懈怠、放弃。这时候，老师的指引和其他伙伴的陪伴鼓励的作用再一次显现出来。

并不是每一个语写新手都会有这样的经历，但不论是经历过的，还是不曾经历过的，只要始终秉承着语写人持续稳定的踏实品质，定能稳稳走向收获的秋天。

语写的秋天

秋天如约而至，它给你的感觉又如何？在这个收获的季节里，总有一种胜利感扑面而来。

此时语写圈子里，似乎呈现了一幅"几家欢乐几家愁"的景象。那些一路简单相信、听话照做、不断培养持续稳定能力，甚至突破极限的语写人，在这个季节收获满满。

他们通过语写，把自己多年的情绪卡点打通了，在一次又一次实现内心自洽的过程中，活出了自己想要的人生状态；他们通过语写，找到了自己一直苦苦寻觅的热爱的事业，在与自己一次又一次的对话中，开启了通向未来职业的行动之旅；他们通过语写，找到了适合自己的通往财富自由的赛道，在语写中一次又一次地梳通财富卡点，开启了为实现财富自由而勇往直前的奋斗旅程；他们通过语写，摆脱了不会表达、不会写作的状态，完成了一次又一次的"堆肥"旅程，在语写中开始了一篇又一篇的原创文章写作，做到了在公众场合侃侃而谈；他们通过语写，有了从一开始的逻辑混乱到后来在语写中一次又一次清晰地讲明自己的观点的转变，真正做到了一开口就让对方感受到了强大的逻辑思维能力。

也有那么一群语写人，和那些收获满满的伙伴相比，在这个秋季他们似乎多了一些淡淡的忧伤。这警醒着我们，你想要的，只要你足够坚定、足够相信、足够力所能及地全力以赴，就一定可以获得。因为已经有语写人真真实实地收获了他们的果实。

此时你需要的应对策略就是继续在自己的节奏里，再细致一些，再努力一些，再积极主动一些，你也可以活出你想要的那份精彩并绽放出你想要的那道独特光芒。

语写的冬天

收获的季节已然离去，寒冷的冬天来了，对于冬季，你的第一感觉是什么？天寒地冻再合适不过。

应对语写的冬天最好的策略是沉淀、厚积薄发、弯道超车。隐隐约约有一个声音传来：别因为冷而"躺平"呀。你需要坚定地告诉自己，那些好不容易在春天扎下的根、在夏天开出的花、在秋天结出的果，可千万别因为一个寒冬，都付诸东流。语写这件事，本来就是"长期主义"的缩影，既然是长期主义，那年复一年的寒冬，不是一样要去习惯，要去适应，甚至要去喜欢的吗？

到了这个时候，部分语写新手可能已经快实现语写500万字了，而部分语写新手可能已经远远超过500万字，朝着1000万字努力前行，甚至还有部分语写新手，早已将语写1000万字收入囊中。一切皆有可能，未来很美，一起向前。不如趁着这个寒冬，一鼓作气，继续"堆肥"，继续沉淀，厚积薄发。来年春天，一起来个华丽的"变身"。

语写带来的三大价值

读到此时，如果你还想问我，为什么我们要开启语写，它到底能给我们带来什么？我想说：在拆解分析了很多持续稳定语写多年的前辈的路径后，我发现了三个普通人都需要且可以习得的价值。这三个价值可以帮助我们获得打赢"内在"之战的力量，实现由内而外地绽放。

自我表达

语写的第一大价值是它满足了我们强烈的自我表达的欲望。《动物农庄》的作者乔治·奥威尔认为作家写作的四大动机之一是"自我表现的欲望"，其实就是每个人都有的"强烈的自我表达欲望"。因为人的自我存在感是需要被验证、被看见的。建构主义心理学认为，当一个人把自己的内在写出来的时候，他就在这个世界上。正是因为有了表达这个动作，表达者本人才确认了自己存在，也正是在自己的故事和文字里，他们找到了自己。

所以语写的第一个目标其实不是写别人，而是写自己。

不知道你有没有这种感觉，觉得自己在大学生活学习中做了好多有趣的事，而对于踏入职场后的工作好像想不起来有什么值得回忆的事。猜测可能有两个原因。

第一，人一生中在大学这个时间段里的经历是丰富的、是美好的，其间属于自己的人生标志性事件很多，而接下来的职场工作，他做的事情大多是重复的（职场人的常态）；第二，和时常跟同学线上、线下聚会有关系，这些校园故事一次又一次地被重复讲述，一次次地被强化，这一重要的人生阶段就被刻下印记，你一次次重回那些时刻，你的青春也就以某种方式存在于被记住的生命里。

米兰·昆德拉有一个洞见：人并不是突然死去的，而是慢慢死去的，因为我们活在自己的记忆中，而当这些记忆一点点消失时，我们就在一点点死亡。但记忆是不可靠的，如果你不记录你的生活，你就在一点点死去。

我很受这个洞见的影响，所以在持续写日记，也在持续地写关于儿子的日记，从他即将出生的那一刻开始，到现在已经是第 2048 天了（2022 年 7 月 26 日）。我们都不可能记得自己三岁之前的任何事情，但这一切可以存在于父母的记忆里，所以我决定用文字的方式把孩子的成长记录下来，这样他就会遇到自己的整个幼年期。他的生命记忆就向前延展了 3 年，这就是文字记录的神奇力量。遇到语写后，更高效、更有趣的记录方式就此呈现。

纯然的自我表达是语写的第一个意义。

升级思维方式

语写的第二个价值是升级思维方式，这在剑飞老师的语写体

044　语写高手：实践证明存在

系里已经是语写训练的第四个阶段了，即思维训练。

剑飞老师在他的《语音写作》一书里这样描述这个阶段：思维的练习，可以使你对很多事情的本质，一下子看透，可以做更有价值的事情。语写训练和思维的相互促进，能在脑海中考虑清楚的，就能通过嘴巴说出来。而通过嘴巴说出来可以让头脑思考得更清楚。这是一个新的工具，我们需要去练习才能慢慢改进，而且要相信自己会做得更好，随着训练的加深，你会变得越来越优秀。

确实，人类的语言很有趣，写作是把网状的思考，用树状的结构、用线性的方式表达出来。

人类的语言是线性的，语言讲完就消散，所以你只需要在5秒钟内实现逻辑自洽。但用文字呈现出来就不同，这一行字可能和前面五六行字就有逻辑上的冲突，这一段内容可能和前面的一段有重复。如果说语言是一维的，那么文字就是二维的。在文字上你有机会以一种二维的方式去观察你的思想，从而获得思想上的一个升级。

语写就是助力你升级的最好的过程，它通过文字记录下你用嘴巴说出来的内容，让你有机会去回顾内容，也就是以一种二维的方式去观察你的所思、所想、所说，从而获得一次思想上的升级。但正如剑飞老师在他的书中所提到的：这是一个新的工具，需要去练习才能慢慢改进。所以并不建议语写新手直接跨越阶段进行思维训练，而是从速度训练，到正确率训练，到节奏训练，持续稳定之后，再进入到思维训练。并要相信自己会做得更好，随着训练的加深，会变得越来越优秀。

传播个人影响力

语写的第三个价值是增强个人影响力的传播。之前在古典老师的课程里听到这样一段分享，深有感触，他说，如果说过去文字传播的速度是平缓的手动扶梯的话，互联网传播的速度简直就是火箭般的直梯式的——互联网只用了10多年，就覆盖了过去用4000年达到的覆盖面。而互联网上传播最快的，就是观点和文字——不是视频、不是声音，写作是最好的方式。

古典老师用自己打了一个比方，他说，他自己的书《拆掉思维里的墙》近13万字，已经有300万册销量（2016年数据），阅读完需要3~4小时。如果通过一场3小时的千人线下讲座的话，覆盖这么多人需要3000场，每年300场也需要10年。而他创作这本书大概只用了1个月的时间。写作也是影响力放大效应百倍的方式。

听到这段分享后，持续用文字记录、持续写作成了我对自己的要求。但我相信很多人和我一样，当我们一字一句去敲文字的时候效率并不高，更重要的是经常难以下"笔"。然后就出现了很多人都有的内心戏："写作这件事不仅费时间、费精力，还费心思，真是有心无力呀！"

所以剑飞老师用10年多的时间创建的语写体系，帮助很多人去除了这种内心戏，从一开始的写作"困难户"变成只需要动动嘴皮子就可以毫无压力，轻轻松松地写出1万字以上的原创文字。

而传播个人影响力、打造个人品牌则是语写体系里的第七个阶段，剑飞老师把这个阶段的训练目标定为形成自己的作品分享或出版。过去的很多年里，已经有越来越多的语写前辈达成了这个目标，形成了自己的个人品牌，拥有了自己的个人影响力。

用文字的力量实现生命影响生命，每一个人都可以做到。

既是工具，更是人生美好"神器"

它是工具

此时此刻你读到的这一章文字，正是我用语写完成的。它做到了随叫随到地帮语写人接住情绪、梳理情绪、稳定情绪；它做到了助力语写人用低成本的方式锻炼持续稳定的能力；它做到了加持语写人的专注力在每天语写 1 万字、2 万字、4 万字、10 万字等不断突破的过程当中得以提升；它做到了倒逼语写人的倾听能力，在每日与自己对话，倾听自己的过程中其能力得以加强；它做到了用强大的数据支撑着语写人从十万、百万的字数里，让表达能力、逻辑思维能力获得了看得见的改变……

它已经做到的还有很多，比如，为了它，很多语写人开始每天清晨 5 点起床语写，进而戒掉了熬夜的习惯；因为它，语写人许下了要给自己建立一座人生博物馆的梦想，并持续稳定地建造着；因为有了它，语写人真正做到了每日雷打不动地进行创作；因为有了它，语写人原本以为很多没有答案的问题，却被剑飞老师在他们自己的语写练习中把答案给"捞"了出来。

正如我在某一天的文章里写到的那样：

> 答案都在我的语写里，剑飞老师帮我"捞"了出来。

近期我想问剑飞老师的问题似乎有点多，但我知道高手不回答简单的问题，便把自己的问题精炼了一下。而且我能保证这些问题绝对是我自己思考了很久、努力了很久、找了很久但没有找到答案的问题。

问题问出没几分钟，我便收到了剑飞老师的回复，看到回复那一刻我惊呆了。

剑飞老师回复的内容是我自己语写里写到的，他帮我把它们从 71 万字里"捞"了出来，并附上了他的提问。

原来，我想要的答案，我自己已经在语写里潜意识地回答了，只是我没有觉察到而已。

这一刻，除了惊叹剑飞老师的功夫之外，我更加惊呼语写的强大，我想要的答案竟然早已经藏在我每日专注与自己对话的 2 万多字里（那时候我还处于每天持续稳定输出 2 万字的阶段）。

作为语写的新手践行者，从开始语写的那天我就没有暂停过，每天的 2 万多字是我对自己最好的坦诚与拥抱。

而今天，它让我感受到了更加温柔而坚定的力量，它有着属于我的个性与风格。而我只用了一个月的时间，就让它和我的生命融为了一体。

对，正如剑飞老师所说，自由才能创造。我深以为然。

它是人生美好"神器"

正如剑飞老师在他《语音写作》这本书的开篇所写：

> 语写的高级阶段，你将真正领悟语写的意义，增强自信，和自己达成和解，并且改善你和伴侣、孩子、父母、朋友之间的关系。对未来有清晰的认识和规划，目标明确，事业更上一层楼。语写将成为你的一项习惯，继续助你记录人生，披荆斩棘。

对内，看清内心的想法。对外，看见生活的真貌。向后，看出岁月的痕迹。向前，看懂未来的趋势。

在语写中，过去可循，未来可期。它难道还不是我们人生美好"神器"吗？每一个人都值得拥有。

从今天起开始记录你的生活,提高自我观察和表达能力;在工作和生活中通过大量文字去记录,提升自己的思维深度。这两个行动是思想的"催化剂",假如有一天你感觉真的不吐不快,很自然会开始影响式写作。而语写可以随时随地陪伴和助力你的行动,到时你的自我探寻之旅——用语写打赢"内在"之战,已然迎来胜利。

六个层次搭建自驱动语写成长系统

胡奎

作者介绍

《高效办公 Office 教程：让你从此不加班》作者，获得微软办公软件国际认证，自 2018 年 7 月 4 日以来，累计语写字数超 7000 万字，日均语写 4.2 万字。利用语写构建副业体系，成为 PPT/海报设计师和 Office 效能讲师，服务对象有石药集团恩必普药业有限公司、国家电网安徽省电力有限公司、合肥晶合集成电路股份有限公司、中国科学技术大学管理学院 MBA 中心等。

052 语写高手：实践证明存在

语写是一个长周期的行动，持续时间越长语写越深入，成长和收获就越多。长期的行动不能单纯依靠意志力来驱动，而是要搭建一套自驱动的语写成长系统。搭建这套系统的关键在于"逻辑层次"（Neuro-Logical Levels）。它是 NLP 技术中的一种重要技术，提供了六个层次的视角助你全面地看待和分析问题，从上到下分别是：

（1）精神层：我和世界是什么关系？

（2）身份层：我的身份有哪些？

（3）信念层：我相信什么信念？

（4）能力层：我具备哪些能力？

（5）行为层：我能执行哪些行动？

（6）环境层：我存在于什么环境中？

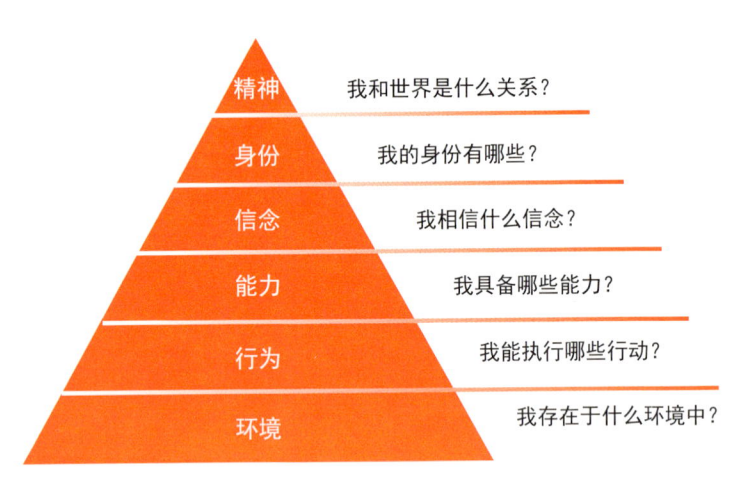

精神	我和世界是什么关系？
身份	我的身份有哪些？
信念	我相信什么信念？
能力	我具备哪些能力？
行为	我能执行哪些行动？
环境	我存在于什么环境中？

上层统领下层，下层支撑上层，六个层次结合能提供整体全

面的视角，聚焦某一层又能解决具体问题，这个框架是语写成长系统"自驱动"的关键。分别来看每个层次在语写成长系统中的作用和操作要领。

用语写书写人生"剧本"

"逻辑层次"的第一层是精神层。精神层关注的是你和世界的关系，这个层次的设定决定了你的所有身份、信念和行动。所以它是逻辑层次中的核心。一个人和世界的关系从被动接受到主动创造，可以分为3类，分别是参与者、主导者和创造者。

（1）参与者认为世界是自己完全不能控制的，会被动接受这个世界的所有设定。典型的想法有"我生来就是劳碌命""家庭条件不好，所以我不能出人头地""我就是有个笨脑袋"等。他们容易把自己的失败归因于外在条件的限制。

（2）主导者认为世界在一定程度上是可以改变的，会积极主动地去寻求改变。虽然他们会积极努力地去改变，但还是认为不能完全突破环境的限制。典型的想法有"我要再努力一点，说不定能更好""努力可以一定程度上弥补缺点"等。

（3）创造者认为世界是自己创造的，限制其实根本不存在，所谓的限制是想象出来的，或者说只要换一个视角，限制就能变成有利条件。典型的想法有"问题是成长的契机""危机中必有机会"等。

显然，创造者的世界观最为积极，也是我们应该选择的世界观。它不是单纯的"鸡汤"，因为绝对的"真实"根本不存在。细想一下，只要是在大脑中出现的信息，就必然是大脑的模拟。比如，颜色和味道就是受体细胞把刺激通过生物电传递到大脑后模拟出来的。而一些简单的外界干预就可以随意改变大脑模拟的结果。比如，有种叫神秘果的植物，吃下之后再吃其他酸味的食物，可以把酸味变成甜味。所以，我们以为的"真实"其实只是大脑认同的"真实"。

既然绝对"真实"不存在，那么我们就可以主动选择对自己有利的"真实"。比如，对于困难但有价值的任务，你可以把它当作障碍，也可以把它当作历练，你有能力做出选择。语写中遇到困难时，就可以把困难当作成长契机，解决它之后，你的能力必然会得到提升。因此，请把你的语写世界观设定为"你用语写创造自己的世界"，在语写中尽情书写自己的人生"剧本"，并用语写记录下创造的全过程。

四种"身份"，助你稳定语写

"逻辑层次"的第二层是身份层。它是在精神层的基础上发展出来的，是关于身份的自我认同。精神层塑造了你的世界观，而身份层让你在这个世界中找到立足点。明确的身份能让你更好地体验和创造。语写者应该具备的四种身份分别是：长期稳定的语写者、灵活多变的语写者、不断突破的语写者和主动创造的语写者。

长期稳定的语写者

这种身份的两个关键词是"长期"和"稳定"，这两个关键词结合就能引发质变。"长期"是多长？在持续有效行动的前提下，语写的质变往往以"年"为尺度。所以只写了几天，没有什么明显改变非常正常。你需要的是持续语写，坚持到跨过质变点。"稳定"是指持续进行有一定难度的刻意练习，比如，每天语写 1 万字，对新手来说，就是一个很好的训练，因为想要"稳定"每天语写1万字，必然要应对各种困难和意外情况，这个过程就培养了"稳定"的能力。有难度的训练带来成长，而稳定的训练带来持续的成长。设定这种身份后，就不用每天考虑"今天要不要语写，要写多少字"的问题。

灵活多变的语写者

灵活多变是"长期、稳定"的保障。因为在语写中必然会遇到各种意外情况，如临时出差、加班、手机没电等，所以我们要学会灵活多变。比如，某天没有整块时间语写，就可以充分利用碎片时间，等车的5分钟、走路的10分钟、等餐上桌的5分钟、中午休息的20分钟等都可以语写。只要把不起眼的碎片时间充分利用起来，就会产生很惊人的效果。以1分钟语写200字计算，10分钟可以语写2000字，如果每天坚持语写10分钟，一年可以语写73万字！灵活多变的语写者这种身份会让碎片时间被充分利用起来，有助于长期稳定地语写，并解决"遇到意外状况怎么办"的问题。

不断突破的语写者

不断突破极限，才能有效突破成长瓶颈，实现跃迁成长。有趣的是你认为的极限，远不是你的极限。比如，我在语写几个月之后语写速度稳定在了1.5万字/小时，我认为这已经达到嘴巴输出的极限了，但是我特别好奇极限之后到底是什么？可不可以做到？于是我就不管正确率放手一搏，语写速度还真就提升了，而且做到了一次，就可以做到很多次，语写速度慢慢就提升到了2万字/小时。

到2021年，我的语写极限速度达到了400字/分钟，已经听不清自己在说什么了，而且讯飞输入法的开屏广告都是"一分钟 400 字，语音输入带你飞"。所以我以为 400 字 / 分钟应该是人类语速的极限，但速度极限还是在 2022 年被打破了。当我看到语写社群里有伙伴语写速度达到 415 字 / 分钟的时候，我立刻意识到，速度的极限绝对还可以突破，打破思维的"天花板"，后面就好办了。到 2022 年 7 月，我的语写极限速度果然提升到了 520 字 / 分钟。虽然这种语速只能维持几分钟，但是足以证明"你认为的极限，远不是你的极限"。

有趣的是，现在语写 400 字 / 分钟已经成为我的下限。当你不断突破极限，原来的极限会逐渐变成下限，每一次极限的突破，都会带来一次快速成长。所以这种身份解决的问题是"如何持续突破成长瓶颈"。

主动创造的语写者

主动创造的语写者不再把语写当作单纯的训练，而是把语写当作主动创造人生的工具。遇到情绪问题，用语写来梳理，接纳情绪波动；遇到工作问题，用语写来分析，找出解决方案；遇到人生困惑，用语写来规划，创造清晰未来。你的人生本就是一场创造之旅，不应由别人来定义，该自己去探索。语写恰恰能帮助你更高效地探索、更有效地规划、更聚焦地行动，尽情书写自己的人生"剧本"。

当你以后在语写中遇到各种困难时，记得调用这四种身份来帮助自己渡过难关。当你不想语写时，记住你是长期稳定的语写者，只要打开语写 App 开始语写就好；当你写不下去时，记住你是灵活多变的语写者，一定能想出解决方案；当你遇到瓶颈时，记住你是不断突破的语写者，用冲击极限来突破瓶颈；当外部环境不合适时，记住你是主动创造的语写者，总能在困难中找出隐藏的机会。

十条信念，助你高效语写

"逻辑层次"的第三层是信念层，信念是身份的具体呈现和精准描述，特定身份会生成一系列特定信念，信念比身份更具体，更容易契合不同场景，能更灵活地指导实践。比如，"长期稳定的语写者"这种身份自然会催生出"聚焦、持续"相关的信念，"主动创造的语写者"这种身份会催生出"积极主动、保持热爱"相关的信念。送给你十条信念，助你在语写遇到困难时轻松破局。

聚焦一点，用远大目标牵引行动

我们都知道复利很厉害，被爱因斯坦称为世界第八大奇迹。它成立的条件是把时间持续投入在可积累的事情上，比如语写。具体方法是设定一个短期内不能达成的远大目标，比如我的语写目标就是在 2025 年 7 月 5 日前完成 1 亿字。设定远大目标有两个重要作用：领航作用，远大目标就像灯塔，持续照亮我们前行的方向。即使你偶尔不小心陷入迷雾，看向灯塔，也会知道接下来往哪儿走；聚焦作用，只有盯紧远大目标去努力，才能让行动产生积累效应，才能实现从量变到质变。现在就设定你的语写远大目标，然后盯紧它！

100% 的坚持远大于 99% 的坚持

100% 的坚持和 99% 的坚持哪个更好？答案显而易见。哪一个更难？答案可能会吓你一跳，100% 的坚持反而比 99% 的坚持容易很多！因为 100% 的坚持不会给自己找任何借口和理由不做，所以你的注意力永远都在"怎么做"上。而 99% 的坚持因为有放松的机会，可能一遇到困难，就会想要不今天暂时先放弃吧，反正后面还有机会。麻烦的是，下一次再遇到困难还是会

058　语写高手：实践证明存在

选择放弃，于是行动概率很快就从 99% 下降到 95%，紧接着骤降到 0。

理解和接纳语写波动

语写过程中会经历高潮和低谷，有波动特别正常。不过，只要持续稳定地语写，长期来看，整体上会呈现波动中上升的趋势。当你经历高潮时，要充分感受语写的魅力，享受它给你带来的成长；当你经历低谷时，也要明白这只不过是正常波动而已，仔细感受它，真诚地接纳它，淡定地持续行动。虽然在低谷时行动不容易，但只要持续行动，就会在"山重水复疑无路"时，遇到柳暗花明。

积极主动，关注机会

有些人总是抱怨没遇到过合适的机会。但真的是这样吗？以语写为例，有些人总说语写太贵了，语写太难了，自己做不到怎么办？他们把注意力聚焦在"困难"上，忘了去想如果持续做这件事情，会带来什么"机会"。其实"机会"总是伪装成"困难"，让人望而却步。但困难是成长的好朋友，是成长的阶梯。当你迎难而上，就会发现并没有"想象中那么难"。你需要做的就是下定决心，做出选择，持续开展行动。每一次迎难而上，都会把"困难"变成"机会"，让能力大幅提升！

成长会创造机会

当你大幅度成长之后，机会遍地都是！原因很简单，当你能力弱的时候，没办法创造比较大的价值，会处于超强竞争环境中，随便一个人都和你的能力差不多，机会当然不多。但当你成长到一定程度，竞争者会明显减少，而且是呈指数级下降，市场对高端人才的需求一直都存在，能力变强的你就可以轻松满足市场需求。机会遍地都是，甚至会主动找上门！越成长，机会就越多、越大！

全力以赴，保持热爱

回想一下你上一次"热爱"做某事是什么时候？取得成果了吗？想必答案一定是肯定的，因为热爱能移山倒海！热爱不会凭空产生，只有当你全力以赴做一件事且不断产生成果时，才会产生热爱的感觉。所以并不是先热爱再去做一件事，而是先把一件事做好，再慢慢开始热爱。两者互相促进，做得越好越热爱，越热爱就会做得越好。全力以赴做好一件事正是保持热爱的秘密"武器"。而你要时常问自己："我真的全力以赴了吗？"

选择人生目标，而不是去寻找

很多人困惑于找不到人生的方向。这个想法会让他们下意识认为人生目标早已确定好，就等着自己去发现。他们总会说：等我找到人生目标，就一定会全力以赴。可惜大部分的人好像花了一辈子都在"寻找"。只有明白人生目标其实是自己主动选择的且不止一个，困惑才会不攻自破。既然人生目标不是早早确定的，那怎么选其实都不会错。不如先选一件感兴趣或者擅长的事，先行动并做出成果来。如果十年之后，你觉得这件事正是你热爱的，恭喜你创造了人生目标。如果十年之后，你不喜欢这件事，也至少收获了做事的成果，还积累了把事做成的经验，你随时可以重新选择真正想做的事。怎么做都不吃亏，对吧？

付费才是真正的捡便宜

付费有着神奇的魔力，会让你倍感珍惜当下的机会。免费则会让你心不在焉。免费的东西有时会浪费你的时间并转移你的注意力。付费会促使你认真思考要取得什么样的成果才能值回票价，会让你的目标更清晰、行动更坚定。付费还会有导师指导，行动中遇到看起来不可逾越的困难都能被轻松化解。导师的能量加持和系统引导会让你不再怀疑意义，坚定行动直到取得成果。

投资自己，百倍回报

最有价值的投资是什么？巴菲特说，最好的一项投资就是"投资自己"。付费只是第一步，之后更重要的是投入时间和注意力。每天的语写，可以让我们有时间和自己独处，暂时脱离当下的状态，从更高的维度思考未来、分析当下的困难、梳理行动的方案。如果你每天都这样做，就会明白很多事情的底层逻辑是相通的。在语写中就能培养并持续多种能力，跃迁成长。

当下的一切都是礼物

当下的一切都是给你的礼物，只是可能还没有被拆开。不少人都抱怨公司发展前景不好，但仔细分析之后会发现这份工作不但给自己提供了生活保障，还提供了一部分自由时间。这是多么好的礼物，让自己能在生存无忧的情况下，用自由时间实现成长！还有的人经常陷入负面情绪。其实情绪也是一份礼物，转变你的想法就可以接受并拆开当下这份礼物。关于情绪处理下一部分会有更详细的描述。

持续语写，打造六种能力

"逻辑层次"的第四层是能力层。能力是结果的保障，能力

+ 行动 = 结果。在语写过程中，不知不觉就会培养出很多能力，这些能力叠加将产生惊人的成长爆发力。

极速输出能力

语写是一个能大幅提升输出效率的超强工具。键盘打字速度 100 字 / 分钟已经相当快了，但语写输出速度可以达到 400 字 / 分钟，效率直接提高 3 倍！假设一个人工作 50 年，先花 1 年时间掌握语写，后面 49 年都是 3 倍输出效率，光是这一点就足以激动人心了。语写还能快速输出文章。利用语写 App，语写出的每段内容会生成一张卡片。这个功能让我们无须把事情想透之后再开始语写，而是来一场"头脑风暴"。语写完之后，筛选卡片，调整顺序就能直接形成文章初稿。这个功能极大降低了写作阻力，让作品输出变得轻松自然。

思维表达能力

大量语写练习会快速提升你的逻辑思维能力和表达能力，因为每天至少 1 万字的语写给你提供了大量刻意练习的机会。一个问题可以反复讨论多次，每次都会有新的结论，讨论次数越多，思考越深入，无形之中就锻炼了你的逻辑思维能力。而表达能力是逻辑思维能力的外显，想清楚了，表达自然会更流畅。而且有些话题在语写中早就深入讨论过，如果在社交场合再遇到类似话题，你当然能侃侃而谈。

情绪处理能力

成长的路上一定绕不开情绪的困扰。明明知道该去做什么，但就是被情绪困住无法行动。其实情绪不是无缘无故出现的，任何的情绪都有着积极正面的意义，其本质上是为了让你变得更好，所以你需要把情绪的能量引导到真正有效的行动上。而语写就可以架起一座通往内心的桥，把原来潜意识里看不到的想法和感受表达出来。这样才能真正理解和接纳情绪，并把情绪的能量引导到真正有效的行动上。以后请在情绪出现波动的时候感谢它，那是伪装成"情绪"的礼物，是内心给你的指引。附上我自己用的情绪处理六步法，供你参考。

第一步，拿起手机开始语写，分辨出自己正处于哪种情绪中。

第二步，创造一个暂停，认真感知情绪，倾听它想告诉你什么。

第三步，引导情绪能量。对它说，我们的出发点都是为"我"好，联起手来，岂不无敌？让情绪把能量借给你调用。

第四步，根据情绪提供的信号——"当前的行动无效"，把情绪的能量指向正确行动。问自己："下一步，我要做什么？"时间是"下一步"，主体是"我"不是别人，核心是"做"。

第五步，带着觉知去执行新行动并取得成果。之后你就可以告诉自己："看，咱俩多厉害，不但没有互相伤害，还联手取得了成果。"

第六步，深呼吸，记住这种感受，再次感谢情绪，今后还会经常合作。

知识转化能力

很多人都说知道很多道理，仍然过不好这一生。这是因为道理只是知识，知识并不会自动变成能力，需要理解和实践才能完成转化。而语写能把分散的知识串联起来，让你可以反复咀嚼和思考接收到的知识，从各个方面去理解它。理解清楚知识后，就很容易将其转化成特定的行动去实践，实践结果可以再用语写进行复盘。反复几个循环，知识到能力的转化就会完成。这个过程也契合了《与神对话》一书中提到的三重创造过程，任何创造总是先在思维中创造，然后在言语中表达，最后在行动中展现。语写帮助你直接完成了前两层的创造，让你在大脑中预演和模拟行动。语写完后你会有立刻行动去验证想法的冲动。这些都可以持续推动"理解＋实践"的循环。

解决问题能力

语写的神奇之处在于你的聚焦点在哪里，它就在哪里发挥作用。不管是困惑于个人发展，还是想要改善亲子关系，或者是解决工作上遇到的难题，语写都能发挥作用。因为语写能帮助你快速把心里的所有想法都表达出来，把模糊的思维客观化，像是摆在桌面上的一件件物品，方便你清晰地看到各种思绪之间的关系，看清楚哪些是内心的真实想法，哪些只是自己"以为真实"的想法。大量语写还可以唤醒潜意识，把平常无法觉察的潜意识表达出来，那才是你内心最真实的想法。所有问题的答案其实都取决于你的内心，实现真正的自我意识觉醒，解决方案会自动浮现。

持续行动能力

语写是长周期的持续行动。每天持续语写 1 万字，不知不觉间就培养了"持续行动"的能力。你会觉察到远大的目标只不过是由一系列相对较小的目标组合而成的，语写 1000 万字不过是 1000 个 1 万字，只是需要 3 年时间才能完成这个目标。关键是这种持续行动的能力还能迁移到其他领域，如让你持续阅读、持续运动、持续做到健康的饮食等，真正做到一个领域培养底层能力，多个领域都受益。

六个法则，让语写"停不下来"

"逻辑层次"的第五层是行为层。行动是一切成长的核心，

064　语写高手：实践证明存在

完成有效改变的落脚点必然是行动。精神层、身份层、信念层、能力层的最终目的都是为了产生更有效的行动。所以在行为层上，聚焦的是具体怎么做。只要遵循以下六个法则，就可以语写到"停不下来"。

目标要清晰且稳定

很多人都知道行动很重要，但当你问他具体要怎么行动时，他可能会说不清道不明。想要行动有效，首先目标要足够清晰。模糊的目标没办法给你一个稳定的焦点，就像是射箭看不清靶心，还怎么瞄准？其次目标要非常稳定。目标定下后，在达成之前不能变。比如，定下每天语写 2 万字的目标，不能觉得今天状态好就改成 3 万字，后天状态不好就改成 5000 字。目标来回变的坏处在于太高时情绪会紧绷，太低时情绪又过于放松。这样来回拉扯，你的能量会涣散，行动会无力。

不要等待，马上行动

很多伙伴都想等时机成熟或者等能力强一点再行动，但是"再等等"＝"完全不做"。还有很多人说"我需要先思考清楚再行动"。很遗憾的是，当踏入未知领域时，常会产生恐惧，并下意识地不行动。如果换个角度，先行动起来会怎么样？你会获得一次非常宝贵的体验和有益的经验。以语写为例，很多人会有这样的担心：我怎么才能做到 1 小时语写 1 万字呢？我以前从来没有写过，语写时遇到困难怎么办？但是语写的伙伴都知道，什么都别想，直接去语写，就能够完成，远比自己想象的要简单。行动之后思考会自动启动，这一次不再是空中楼阁式的担忧和恐惧，而是在行动经验基础上的精准校正。所以，先大胆行动起来，在行动中促进思考，在行动中创造条件，在行动中提升能力！

把任务拆分为最小颗粒

要想尽一切办法把任务拆解为最小颗粒，即行动，执行起来才没有阻力。因为任务本身不能直接执行，只有行动才能被执行。比如要"准备一场分享活动"是一个任务，可以将其拆解为确定分享主题、撰写分享大纲、充实具体内容和形成逐字稿这 4 个行动。如何判断拆分后的事件是行动而不是一个更小的任务呢？我自创了一个"30 分钟行动法则"：能直接不用思考就能执行，并且能在 30 分钟之内完成的就是行动。我在写《高效办公 Office 教程：让你从此不加班》这本书时，就运用"30 分钟行动法则"把写书稿这个任务拆分成了 500 多个行动。这样一来，复杂任务就变成了多个简单行动。我明白只要把这 500 多个行动全部完成，最终成果——书稿会自动完成。以后遇到困难的任务不要害怕，它们只是包含了比较多的行动，有点复杂而已，用"30 分钟行动法则"将其拆分之后，便能顺利推进。

让行动自动执行

心理学家 Peter M.Gollitzer 提出过一个执行意图的概念，其主要内容是提前给大脑设定好在具体的场景下要做什么事情，大脑就会跳过决策阶段，自发地执行设定好的任务。具体形式为：每到 X 场景，就去做 Y 事。要注意 X 场景越细致、Y 事情越简单越好，比如，"晚上回家，去语写"就不如"下班回到家之后，立刻打开语写 App"让人有行动力。一个行动会引发一系列行动，就像启动汽车一样，按下点火开关按钮，发动机和各种电器系统就会自动运转。完成"打开语写 App"这个动作后会自动开始语写的动作，说完一句，就会说下一句，整个系统就运转起来了。这个法则的关键是触发的行动最好比较小，越小的行动越容易执行，而且无论多小的行动都能引发后续的一系列行动。

用惯性来驱动行动

每天早晚刷牙对很多人来说早已是下意识的行为了,为什么这个行为没啥难度呢?因为已经成为习惯。习惯会让行动自带惯性,到了某个时间节点或场景,就会下意识地做出某个行动。习惯是可以培养的,不过需要的既不是 21 天,也不是 3 个月,而是越长越好,且持续的时间越长,行动的惯性越稳定。习惯的养成有两个重点:重复次数足够多;把习惯和时间绑定。每次都在同一时间重复同一动作,更容易养成习惯。习惯一旦养成,只要你不刻意破坏,就能自动持续。对了,利用前面讲的执行意图,把某个行动放在固定时间去做,也会帮助你更快速地养成习惯。

获得高质量反馈

有效成长的关键是获得反馈,高质量的反馈才能促进行动的有效迭代。如果只是自己语写就没有反馈,你很可能就会陷入迷茫,不知道方向对不对,不知道哪里需要改进,遇到困难的时候还很容易卡壳。剑飞老师建立的语写体系已经非常完善,具备多重反馈系统。首先是数据维度的反馈。你每天写了多少字,用了多长时间,速度如何,总字数多少,喜欢在几点完成……这些数据都清晰无比地反映了你的行动。成长不再是模糊的感觉,而是实打实的数据。其次是老师的跟踪反馈,比如,在有些问题刚露苗头时,老师会给出提示,避免让你踩坑;在遇到解决不了的困难时,老师会帮你快速找出破解之法。高质量的反馈会帮你轻松化解困难,让你的语写不但能持续下去,而且能持续迭代。

总结一下,聪明的你一定发现了这是行动—成长的循环。先定下清晰稳定的目标,然后立刻展开行动,行动中如果遇到困难可以用三种方法来降低难度,紧接着利用高质量反馈来持续迭代、不断取得成果,强烈的成就感会驱动你行动。如此循环,你就可以打造出自己的成长飞轮。

打造适合语写的环境

环境层是"逻辑层次"的最低层,它是所有层次的基础,一切行为都在特定的环境中发生,良好的环境会促进有效行为的出现。我们可以从硬件和软件两个维度来打造适合语写的环境。

打造硬件环境

(1)电量充足、网络通畅的手机。

为了保证长时间语写,手机的电量要充足,可以多买几套充电设备,公司、车内、家里分别放一套,轻松告别电量焦虑。此外,手机网络要通畅,流量要够用,推荐使用 4G 及以上的网络。可以考虑购买一个大流量套餐,花很少的钱就可以彻底解决"担心流量不够"的问题,非常划算。总之,不要让语写受到没电、没网络这种低级别风险的干扰。

(2)手机的设置和软件。

在语写时我们会专注输出,可能几分钟都不触碰屏幕。如果手机自动息屏时间设置得太短,自动息屏就会导致写作中断。所以要把手机自动息屏时间设置为永不息屏或息屏时间大于 10 分钟。最重要的,手机上要下载并安装语写 App 和讯飞输入法,语写 App 自带操作引导,5 分钟就可以轻松上手。

(3)合适的语写空间。

语写对空间的要求并不高,只需要满足无干扰、相对私密两个条件即可。比较合适的场景有自家的书房、开放的公园、人比较少的商场等。语写能力增强后,你会发现几乎任何地方都可以语写,马路边、地铁上、咖啡厅里,只要不干扰到别人就可以语写。平常可以多留意合适的场景,给自己一些备选方案。假如在家中语写，突然来客人了，你就可以转战商场或公园。备选方案能让你不会因为小状况而中断语写。

（4）合适的语写时间。

语写训练的时间最好相对固定且持续 1 小时以上。前面说过固定时间有利于习惯的养成，而只有坚持足够长的持续时间才能让我们敞开心扉充分表达，达到刻意练习的效果。语写时间的安排最好不影响自己的工作和生活。如果真有意外情况导致目标无法完成，一定要和家人充分沟通，取得他们的理解和支持后再进行语写。

寻找社群支持软环境

我向很多人推荐过语写，但真正持续做下去的人有多少呢？答案是零！因为语写是个庞大的成长体系，不只是打开语写 App 说话那么简单。写作技能的刻意练习、老师的跟踪反馈、社群环境等都是成长体系中的重要组成部分。关于老师的跟踪反馈，前面已经说过很多，这里重点聊一下社群环境。为什么要加入一个同频的社群，因为一个人可能会走得快，但一群人才能走得远。

先看一组数据：2018 年，我加入剑飞语写社群，因为当时大家都做到了每天语写 1 万字，我自然地认为每天语写 1 万字"很正常"，所以我轻松地做到了；2020 年，新伙伴加入的时候，我们已经能够做到每天语写 3 万～5 万字，新伙伴便认为每天语写 3 万字"很正常"，于是不少新伙伴直接就是每天语写 3 万字；2022 年，我和好几个伙伴都开启了每天 10 多万字模式的语写，新伙伴更是刚开始就能挑战单日语写 10 万字。

这说明社群是有感染力的,当处于一个全是高手的社群中时，你会看到自己认为的"天花板"只不过是他们的日常，你的思维限制会被打破,会自动向高手靠拢,不断地努力,感觉就像是被带动着一起成长一样!

起初,一颗种子悄悄落入泥土中,无人知晓。几年后,有人路过,发出"看,这有棵漂亮的大树"的感慨。你准备什么时候种下语写的种子?

文案精进的超级"外挂"——语写

蓝枫

作者介绍

主业文案,副业品牌策略、创意策划、运营执行,从业十二年。没进过大厂热店,没摘过创意之星,没聊过一线大咖。只在最前线听需求、跑现场、写策划、写文案、做执行,在实战中解决问题。

现在,我是一个自由文案,继续"字恋"。

2020年8月5日开始语写,截至2023年2月底,完成语写1690万字。

小时候曾放言要靠笔杆子吃饭,谁知一语成谶,现在成了一名戴着镣铐跳舞的职业文案。写作是我的日常,我每天的工作就是打开空白的文档,敲下一个个文字,交付给客户,展示给用户。我知道很多写作方法,也在长时间的文案写作实践中,逐渐形成了自己的一套方法。

"那你还做语写?为什么写这么多呢?"这是很多人听到我分享语写之后的第一反应。有人开玩笑地说,我像一个"写作狂"。的确,我现在的写作量会比以前的多很多,无论是文案的,还是语写的,都是如此。

两年多的语写练习,不仅让我的语写训练有了进步,还为我带来了文案心法和人生活法的思考和突破。我得感谢两年前的自己,开启这一场有点疯狂,但无比正确的语写之旅。

语写打开自由创作

"蓝得枫狂"是剑飞老师曾给我取过的一个微信群名。虽然很想吐槽谐音梗,但现在回过头看,语写的确是我的一次"难得疯狂"的行为,谨小慎微、喜欢安全的我花超出预期的大价钱学习一项技能,敞开自我进行自由创作,更在两年后,走上了更"疯狂"的自由职业之路。

从迷失到自由创作,只差一个"语写"

文案写作,是"戴着镣铐跳舞",要用最精炼的文字表达丰富的情感,并且帮助客户实现商业目标,帮助用户做出恰当的选择。文案的文字注定被审视、被评价,很多小伙伴带着对文字的热情成为文案,却常常因为这些评价而迷失。两年前,我也如此,从被批评到自我批评，从被质疑到自我怀疑。那段时间，我的文案写作进入了"死胡同"，拖延、卡文是常事，费尽力气完成的文稿，我自己能把它从头批到尾。当时我对自己的形容是，困在一个泡泡里，知道自己应该戳破它，却无处用力，眼睁睁地看着自己随风飘。

这时候，语写来了，它打通了我的自由创作的"任督二脉"。后来感慨过，我和语写的缘分来得有点迟。2018 年年底，我读了剑飞老师的《极速写作》，想尝试一下 1 天语写 10 万字，但尝试时，脑海里的声音很多，几次下来就自动放弃了。2020 年年中，剑飞老师开办了"21 天语写主题训练营"，我又报名了。这一次我从 1 小时语写 3000 字，加速到 1 小时语写 9000 字，很爽，但还不够酣畅。结营后，我几乎没怎么犹豫就报名了正式的语写 3 个月服务。我记得那天是 2020 年 8 月 5 日，那一天也成为我唯一没打卡的一天，我的语写出勤率永远不会是 100%，而我将一直在无限趋近于 100% 的路上。

我从开始语写到自由创作大概经历了三个阶段：兴奋期、卡壳期、放飞期。

正式开始语写训练，我就进入兴奋期，好像突然开窍了，脑海里的声音少了很多，语速提高得也比较快，很快达成了 1 小时语写 1 万字的目标，每天有很多话想说，自我感觉良好，每天语写 1 万字似乎不是很难。

随后进入卡壳期，我开始不知道说什么，好些话题已经说过了，内容变成了流水账，自己也有些嫌弃。后来发现还是自己内在设限。我们的大脑随时会闪过念头，我们随时有话可说，但我们会认为有些是废话，说出来只会浪费时间和版面，于是不想说。但语写是思维的表达，而思维流淌的过程必然不全是干货，一旦启动评判，就好像设了一个大坝拦住了流淌的思维，会非常难受。

不久后，剑飞老师建议我进行语写马拉松和语写极限挑战，我当时内心是拒绝的，但也硬着头皮上，看攻略做准备，花了超预期的时间，最终完成了。这让我很兴奋，因为一次次挑战让我一次次确认"我也可以"。然后我开始"放飞"自我，尝试在各种地方语写，尝试调整语写时间，尝试不同的语写话题和内容探索。"大坝"似乎一下子被打开了，思维和语写真正连接，我开始了自由创作。

每个人在最初的阶段，开启自由创作所花费的时间可能都不一样，我觉得我的时间算是比较长的。评判习惯、路径依赖、文案思维模式时不时会出现，语写的自由创作，让我发现、梳理并最终打通它们。

自由才能创造

"自由才能创造"是剑飞老师强调的底层理念之一。自由包含三个角度。一是时间上的自由，做一件事情，要有足够的时间，并在这段时间里全心投入、尽力去做；二是态度上的自由，语写过程中，不要拘泥于自己的想法，将自己完全打开，自由发挥；三是能力上的自由，这需要经过长期的专业训练，才能超脱秩序，自由创造。

自由是件很难得的事情。我以前常常觉得时间自由是一件奢侈的事情，语写一段时间后，我发现原来时间自由不需要全部的时间自由，而是要选择想要的自由时间，把它保护好，并投注到自己想做的事情上。当我这么做了，这段时间就是全部属于自己的，也就进入了自由的状态。剑飞老师一直强调要保护创造时间，如语写时间、阅读时间等，最好每天能够将这些固定下来，到点开始。按照这种方式语写，我们会形成自然的习惯，类似于到点的自动反应，就可以自由地沉入当下的语写世界。

态度上的自由，需要的是全然接纳，这也很难。通过过往的学习我们既获取了许多的知识，又受到了很多的限制。有时候，我们明显觉得自己被束缚住了，觉得生活只有一种选择。这都是不自由的。即便是我们单方面宣布现在很好，悦纳自我，拼命发现美好，也并非是自由的。真正的自由之心，是看到自己有选择，看见现实中的另一种可能性，全身心去接纳世界。语写就非常强调全然接纳和绽放，无须去评判写得好不好，是否精致，是否有文采。这一切都没关系，自由地写下来，自由地创造即可。

能力上的自由，要回到我们的学习过程。刚开始学习时，我们的思维都是混乱的，就好像小宝宝学走路，磕磕绊绊、跌跌撞撞。当学习到一定阶段，我们的思维不再混乱，有了内在的秩序。还是以孩子学走路为例，到这时候，他知道两点之间直线最短，知道目的地在哪里，可以直接走过去。而想要走得更好，他会在生活里每天练习走路，他会学会快走、慢走、蹦跳、跑步前进……这时候他已经打破了走的基本秩序。语写的练习也是如此，在练习好基本的语速、准确率等要素之后，我们可以自由自在地输出，选择自己的主题开始语写的探索。投入越多，收获越多，自由的状态，能激发出无限的创造力。

语写探索文案"心语"

在语写的过程中，我常常会被问到一些问题：

文案每天不就是写写写，干吗还语写呢？

语写和文案写作，有什么不一样吗？

语写对文案写作有什么帮助吗？

……

076　语写高手：实践证明存在

一开始，我自己也会尝试去寻找和解释大家所问到的意义、区别和用处。后来，我渐渐不去回答这些问题，而是自己在语写中去做，做到了再呈现出来。现在也有了一些收获。

先说我的结论：语写是文案"心语"的最佳表达方式。

何为"心语"

"心语"一词来自"文案女王"林桂枝的《秒赞》一书。我理解的"心语"，是我们的"内向语言"，是藏在我们脑海里、心底里的语言，包括记忆里的场景、一闪而过的念头、对当下的主观反应、对事件的态度和观点等。

"心语"，通常是隐藏的，等待我们去发现它。它也是模糊不清的主观状态，如果我们不抓取，"心语"可能会很快消失；如果我们迅速反应，用语言、文字、图画、符号等将"心语"记录下来，就会拥有"外向语言"，进行再加工后，就是文案。

这个过程的关键，就是"心语"的记录。但很多时候，我们很难记录下"心语"，大部分人学习的都是写作技巧、文案技巧，包括文案，即如何修饰要说的话和写下的文字。而语写，以其高效快速的基本特性，帮我抓取"心语"，让"心语"瞬间呈现在我面前。

创作的关键在"心语"

你也许会问，为什么"心语"对文案写作很重要呢？为什么我们无法表达出"心语"呢？为什么语写又可以呢？我一一来说。

文案的本质是沟通，而沟通也是人类的天性。《人类简史》中说，祖先之所以能战胜其他人种，是因为人类的"语言能力"更发达。用语言来沟通是每个人与生俱来的能力。回到我们的日常生活中，两个人在一起会自然而然地聊起天来，天南海北拉家常；身边没有人，我们有时候还能和自己聊上半天。

林桂枝在《秒赞》中写道：既然使用语言是人类的本能，沟通也是我们天生擅长的，那么以语言进行沟通的文案工作，便是利用我们天性之所长。因此，写文案是本能，应该不难，也不应该难。

关键是挖掘出"心语"。因为创作的源头是内心有想法要表达，也就是从"心语"开始的。如果你仔细去观察一下那些创作者，如文案、设计、画家、作曲家等，你会发现他们大都有一些相似的特征，喜欢安安静静做自己的事情，和人群保持一定距离……原因就在于，他们的创作都从"心"而起。

为什么"心语"难以发掘

很多时候，我们都觉得沟通很难，写作很难，写文案很难。我也觉得很难。首先，我是一个不怎么爱说话的人，最高纪录是两个礼拜没和人说话，不过不是完全没有表达，有时候会无意识地自言自语，和自己聊天。从事文案一开始并非我主动的职业选择，而是进入职场后，一次一次地被选择，然后发现自己能做，也做得还行，就这么一直做下来了。

我一直称自己是"野生文案"，没有人带，没有学习系统的方法，没有看太多专业书，客户有需求就写，卡文了就转个场继续，难产了就用时间熬，我觉得自己还算比较幸运，每一次基本都能过关，也写出过让客户拍案的内容，当然废稿要比成稿多。

很多时候，我都觉得自己不会沟通。和对面的人说话时，我的大脑在快速反应，我常常觉得自己有很多话要说，但只能将一部分信息转换成语言，说给对方听。而我说的话、我的表情和我的动作都会在对方大脑里重组，我将面对的是不确定的结果。我经常会觉得自己没有完全表达清楚自己想说的话，或者责怪对方为什么不能理解我说的话。写文案的时候，我需要假设一个人物，想象自己如何给他介绍文案和他看到文案后的反应，于是就更难了。

从我们自身来说，造成这样的结果的主要原因在于我们说的话和我们写下的文字无法赶上"心语"的速度，大脑的反应和语速、手速相比快多了。我也发现，自己很多时候都在用文案技巧打磨文字，忽视了自身对身边事物的深刻认识和感知，无法表达出内在的直观印象和感受，也就是"心语"，无法直达人心。这是我在专业上的瓶颈。

我在尝试了很多办法后，发现自己已经对逻辑、技巧的路径形成了依赖，没有真正走进内心，关闭了真实的观察和表达之门。

语写，打开了这扇门。

我用语写，打开"心语"之门

语写的第一点要求就是只关注嘴巴，将大脑的思维转化成语言，并不加批判地快速说出来。语写时，手机屏幕上会出现文字，也就是说我们想到什么马上说出什么，文字也同时出现，几乎可以说思维、话语、文字是同步的。语速越快，思维变成的文字内容越多。抓取的思维内容越多，也就有越多的内容成为文案写作素材，供给后期的加工。

语写是自己和自己聊天，和别人无关，也不需要别人的参与。我现在有一个专门语写的手机，关闭了所有的消息提醒，没有安装购物、社交资讯等 App，只用来语写。语写时，我还会把另一个常用手机随便放在一个看不见的地方，于是世界都安静下来了，我开始和自己聊天，不受打扰地开始创作。

语写提倡脱口而出，我可以"口无遮拦"，可以毫无逻辑，可以天上一句地下一句，不批判不否定，不去想好坏与否，不考虑是非对错，不用想客户接不接受，看的人喜不喜欢，只需要把脑海里浮现的想法说出来就好，是完全自由的表达。语写久了，我发现自己的直觉反应变得更敏锐、更直观。

我写稿子的时候有个习惯，敲键盘时喜欢按 Delete 键，打错了字按 Delete 键，没想清楚按 Delete 键，觉得不对按 Delete 键……这种习惯是源自对自己的不自信，手速跟不上大脑思维的速度，眼睛看到打出来的内容后，大脑会做出评判，认为不合适，就发出按 Delete 键的指令。形成习惯后，就很难改掉。但在语写过程中，不能删除或修改内容，只是记录。等语写完成之后，想删除或想修改内容可以在电脑上进行。

现在如果需要写文案、广告创意或策划，我就会先厘清基础信息，然后用语写分析信息并说出自己的想法和感受，抓取大脑中一闪而过的创意，梳理出一个基本的思路，再把这个思路提取出来，写下来，这样就能知道下一步该如何做了。有时候可能会发现语写一次后，自己还忘了一些内容，或者有了新的想法，又或者离完全想好还有一段距离，那就再来一次。语写的成本很低，有时候只需要离开办公室，找一个安静的地方，说上 10 分钟，就会豁然开朗。

在语写过程中，思维是水，只要打开阀门，就会流淌，"心语"也会缓缓流出，我们需要做的是，快速而真实地记录下来。持续语写，大脑会变得专注、活跃、敏锐。你仿佛会分离出一个客体意识，看着自己的感知力不断增强，看见语写中描绘的场景画面，抓取思维里源源不断的灵感"心语"。

语写奔赴人生修行

人生是一场不断探索的修行，收获在于探索的体验，意义在于探索本身。我用语写记录生命里的体验，发现自我，看见美好的事物，做出新的成果，积累时间的复利。

语写，记录生命体验

生命是我们已经走过的每一分每一秒积累起来的，每一分每一秒都不一样，每个当下都是全新的。但时间常常倏忽而过，我们也太容易遗忘事情。所以我们使用很多方式做记录，如文字、音频、图片等。这其中，我认为文字最有力量，因为文字的力量足够长远，长远到可以穿越时空。两千年前的先贤将思想凝结成文字，现在依然影响着我们。

记录是一件重要的小事。没有记录就没有发生。语写，让所思即所见。我可以随时记录眼前看到的、脑海中想到的，记录下那些琐碎却又无处不在的生活点滴，比如年初立下的目标、每天的时间安排、晚上的每日复盘、阅读收获的只言片语、身边的大事小情、晨光中的欢快鸟鸣、夕阳洒满天际的温柔、情绪之中的内心独白、朋友间的快乐时刻、工作中的思考整理等。

我写下的每一个字、每一个细致入微的记录，都在见证我自己的生活，里面包含了过去的我，记录了现在的我，也在迎接未来的我，我越发知道自己想要什么，最终能得到什么。其实没有哪一天是平凡而毫无意义的，每一次语写记录，都可能成为值得珍藏的宝贝。

语写，让我拥抱自我

语写能让我们看见自我、认识自我。我们只有知道自己在哪里、想要去往何处，才能知道自己接下来该如何走。尽管我们都知道自己与别人是不同的，过往所有的经历塑造了独特的我们，我们也渴望走自己的路。但我们往往会急于迈出脚步，跟随前面的人，走别人走过的路。

回到最初的源头，我们要做的是认识自我。每一天的语写都是一次又一次的自我对话和自我探索。这也是我决定参加语写最大的原因。

我相信人是孤独的，一生中能有二三人对话，便是幸事。二三人中，自己是最重要的那一个。每天的语写，和自己聊聊天，说说眼前看到的、大脑想到的、心里感受到的，"我"都陪着我，我也认识了另外一个"我"。

我会看见情绪里的焦虑、迷茫，我会看见强大的惯性，我会看见固执的自我……虽然一开始我有些不知所措，但是当一次次看见它们后，我开始接受它们并尝试着跳出它们，尝试着找方法解决当下的问题。虽然语写时还存在很多问题，我却好像不那么着急了，仿佛有了很多的耐心。每天用语写进行自我对话，看见一点，改变一点。

每天用一段时间和自己说话，有时候轻松地和自己聊天，有时候安抚自己的情绪，有时候和自己的潜意识对话，有时候只是用语言默默陪伴自己……徜徉在语写中，我可以看见被无意识隐藏的自我，看见平时喧嚣中看不见的自我，看见谁都未曾见过的自我，发现并拥抱那些不曾显露的自我。

语写，是无用之用的大用

一开始接触语写时，我从未想过它是一项服务，更多地认为它是一种工具，它会帮助我收获更高效的写作方式。也许是因为没有那么多期待，所以通过语写收获的都是惊喜。日常生活的打理、想法思考的梳理、新知的讲解深化、行动的总结复盘、情绪的安抚稳定、成长的进步节奏……这些都可以用语写这种很简单的方式进行。只要我将自己的语写重点和时间投注在上面，就会有收获。

语写不会帮你直接做成某件事,而是让你在语写的过程中拥有一些能力,如写作、表达沟通、情绪管理、时间规划、逻辑思考、行动力、专注、坚持、稳定、高效、长期主义、价值感、同理心等。这些能力日常可能不显,但却是我们做成某件事所必备的底层能力。

庄子说:"无用之用,方为大用。"我们日常习惯了以有用来衡量一件事,但有时候"用"是无法直观看到的。语写是一种工具。这种工具是我们身体的延伸,语写将我们大脑里的思维更高效地延伸到现实世界,当思维变成文字,我们可以反观自身,认知自我,获得平衡和成长。

语写,以行动破焦虑

我过去是一个想法多于行动的人,想法很多,行动很少,做到更少。这种习惯也让我很容易焦虑。刚加入语写的那段时间是我比较焦虑的一段时间。大龄单身女性、职业瓶颈、成长乏力、房贷压力,每个词都能引发一种焦虑,人生焦虑、职业焦虑、成长焦虑、经济焦虑……如果你认识那时候的我,大概看见的是一个陷入泥沼、始终走不出来的人。

也听过很多道理,也知道要行动,却始终做不到,焦虑如影随形。开始语写后,我发现语写好像有一种神奇的力量。语写中我不断说想要做些什么,然后我会真的开始去做。这是什么原因呢?首先,语写本身就聚焦行动,每天去做,就是刻意练习。语写这个行动,每天都可以看见成果、看见收获。它又会引发下一个行动,比如我接下来要做什么、我要如何安排时间、我要如何完成事情等。一个个行动会被慢慢开启。

我自己就是这么被推动的。最开始语写时,很难摆脱习惯性的自我批评,每天语写之前都要给自己做一次心理建设,所以我喜欢拖，借口也是现成的，如没有话题、想不出说什么、没有完整的 1 个小时练习时间等。那段时间，我基本上每天很晚才完成语写，剑飞老师多次提醒我，要早点完成。我内心其实知道自己这样做不行，也很怕自己会停下来。于是在语写里，自言自语，说着怎么办，怎样安排时间和行动，慢慢自己真的被推动了，日常节奏也稳定了下来，每天语写也能够在中午完成。其他事情好像也是这么发生的，如阅读、日更。想了很久，可是一直没信心做的事，语写时反复说，一次又一次，然后真的行动了，也在持续。

焦虑感在这个过程中减少了很多，即便选择"裸辞"开启自由职业，生活节奏发生了改变，我也没有自己想象中的焦虑。尽管我的行动依然有些慢，但我在慢慢抓住自己的节奏，也在行动中确信只要我去做，一切皆有可能。有不确定、不清晰，没关系，开始语写，多说一些，自己会被推动起来。

语写，积累时间的复利

如果做一件事情不仅当下能产生效果，还能持续影响以后，那么这件事情就是在积累时间的复利。语写就是这样的事情，每天进行语写，有所积累，在时间的加成下，会如滚雪球一般，越滚越大。

语写之前，我是一个不太会去规划未来的人，认为未来太遥远，不如顾好当下。结果就是为当下焦头烂额。语写之后，我开始意识到，未来也是可以规划的，有些事情是我们可以确定去做 10 年、30 年，甚至一辈子的。即便是一件小事，乘以 10 年、30 年这样的时间长度，也会变成一件很了不起的事。拿语写来说，如果每天语写 1 万字，1000 天就能语写 1000 万字，10 000 天就能语写 1 亿字，大约没几个人一辈子可以写这么多字，而我用语写可以做到。

在语写里，我可以规划自己的一天。早起后语写，清醒地开始一天，积极规划一天，预演这一天并实现它；一天结束时语写，可以复盘思考这一天，看看自己做到了什么，还有没有更好的方法或行动。语写里，我还可以做自己人生的编剧，编写自己的人生"剧本"，描绘自己未来的样子，回到现在我就知道自己要做些什么，然后拆解行动，以日拱一卒的方式去做。

在语写中抵达自己,创造未来

———————————————

灵休

作者介绍

　　生在北方、长在北方的南方女生,陪伴两个男孩成长的幸福妈妈,公卫医师、营养师,辅修应用心理学。疫情来时是奔赴前线保家卫国的"大白",脱下"大白"是 20 年笔耕不辍的自由书写者,沉迷码字,以文达心。自 2019 年 6 月 3 日参加语写以来,每天语写至少 1 万字,已累计完成超过 3678 万字。

088　语写高手：实践证明存在

不知不觉持续语写 1100 多天了，我和语写从相遇到相知，日日为伴，从未中断。最初它只是我想学习的一种提高效率的工具，到后来成了我的一种生活方式。

习惯了随时随地记录灵感，事中事后反思复盘，习惯了清晨起来安排事务，一日尾声总结沉淀。情绪来时它是忠诚的树洞，脆弱之处它是体贴的朋友，上台以前它是耐心的观众，偷懒以后它是鞭策的皮鞭。每读完一本好书总要和自己聊一聊才能消化，每下笔一篇文章只要沐浴其中灵感就能涌动。

这样的收获还能写出很多很多，语写是一个容纳无数惊喜的礼物箱，坚持、创造、自信、稳定、思辨、热情、坚毅，等等。在这些礼物里，最可贵的是创造，在创造的维度中，最有趣的是写给未来。

语写创造可能发生的未来

人要学会活在当下，但不能只考虑当下，而过好现在需要创造未来。语写中有好几种方式可以衔接未来，如预测、书写寄语、直接穿越到未来的某一天、逐一写给年年岁岁等。

立足当下，预测未来

如果生活按照现在的方向和进度继续，未来会是什么样子？语写中可以试着站在此处眺望前方，写给很近或者很远的未来。

很近的未来偏向具体行动，是对计划的提前检验。我们根据现在的能力推测成长的趋势，参照当下的投入计算线性累积的成果，检验是不是符合期待。举个例子，如果每天投入 1.5 个小时语写 3 万字，那么一年以后，将用 500 多个小时的时间完成 1000 多万字的语写，这是我愿意去做的事，也希望得到这样的结果。

大脑喜欢明确的指令和清晰的目标，对于已经发生的"未来"看得越清楚，越能深化感性和理性双重认知，越能保证行动的持续向前。

理论上说，如果可以看清一年的步伐，也就能看到十年的进度，虽然能力的培养短期内也许是线性的，但经过足够长的周期后，很可能实现从量变到质变的跳跃性发展。积累的力量是惊人的，长期主义也因此成为语写中着重培养的一环。

而当具备了把一件事做很久的能力，除了写给很近的未来，也可以跳出目前能力的限制，眺望很远的未来。可以参考那些和我们条件相似但出发更早的人，他们已有的成果并非遥不可及，曾有人做到过的事就会有迹可循。在语写里把可能的轨迹写下，不管现在能不能做得到，敢想才有可能。

除了想未来能做到的事，关系、健康、社交等维度都可以书写。如果以现在的方式养育孩子，他们以后可能会有怎样的品行？如果以现在的力度锻炼身体，多年后我们能对健康有多少掌控？

不对预测做好坏对错的批判，也不求绝对精准，只是给了我们机会去审视，当下的生活延续至未来是不是自己满意的样子。

给未来的自己寄语

语写让我们不仅期待未来的成长，也相信现在的智慧，相信人生的每个角落都有各色的精彩。我们可以给未来的自己留下寄语，带着每一个时点的感悟一起上路。

语写 App 中不仅有过往文字的储存，也为未来的日期提前建立了文档，可以直接打开未来某一天的语写文档，语写下对那时的自己想说的话或是希望做完的事。

在每月的第一天，打开当月最后一天的文档，用已经做完的

090　语写高手：实践证明存在

语气写下这个月打算看完的书、做完的事、推动的进度。季度目标、年度目标也可以用同样的方式进行。或者打破周期的限制，把各种事件的具体节点提前写进未来，这是对目标的梳理，对复盘的提醒，也是对事件本身在记忆中的刻痕。

也可以拉远目光，给多年后的自己提出一些希望：希望自己在追求成功的路上，对生活保持兴趣；希望自己在努力成长的同时，也记得照顾好身体；希望成为长辈后，别忘了年轻时的活力，别变得迂腐陈旧，别丢掉探索未来的热情。

这些话写完了似乎也不会被我们牢记于心，直到未来的某一天，在文字中和曾经的自己相逢，依旧可以唤醒当时的心情，也格外珍惜当初的希望。

搭乘文字的"时光机"穿行

无论是预测，还是寄给未来，都需要我们以现在为立足点，而语写可以打破这种限制，让我们坐着文字的"时光机"穿行到未来。如果我们不按照当下的人生"剧本"推演，换一种方式生活会发生什么？如果已经有一个远超于现在的未来想要抵达，又要用怎样的方式过去？

可以试着做理性的逻辑推演，也可以直接书写感性的画面，还可以将两者结合在一起，先用感性触动，再用理性思考。

我们以为想要的和真正渴望的，常常会有偏差，现在期待的和最终实现的，也很可能不同。不妨在语写中提前感受一下，当心心念念的愿望真正实现时，会怦然心动吗？如今令人辗转反侧的纠结，多年之后还会挂怀吗？现在偷懒度过时光，生命的结尾真的没有遗憾吗？

没有人能够真的预测未来会如何，但至少可以用更高远的视角跳脱眼前的琐碎，把一定要做的事提前做，一定要放下的事情早放下。

预演人生"连续剧"

如果把对于未来的穿行系统化，逐一写给每个年岁，那么就相当于预演了人生"连续剧"。这是语写中各种写给未来的综合版，剑飞老师将它专门做成了课程，叫作人生规划。

这是一个逐年递进的课程，剑飞老师会每年带领我们语写一遍完整版的未来人生规划，用已经发生的视角，给往后每一岁的自己写下文字。我们会先去看看多年以后的成就和盼望，去听听每一时点的经验与遗憾，再带着摘自于未来的锦囊回到现在，走一条更接近梦想的道路。直到下一年，再载着已经"长大一截"的自己继续探索，重新写下进阶后的人生"剧本"。

这样盘旋上升的时光旅程，我已经走完了 4 个来回，从最开始内测期的自由发挥，到后面有剑飞老师重点的引导思考，我每次都能多揭开一片心灵面纱，多看清一点未来愿景，那是别人都只能建议却无法敲定的答案。

人生这条单行道，没有给我们走不同的路径试错的机会，可以明确知道去哪里且坚定行动的永远都是少数人。当没有答案的时候，总盼望谁能够指点自己，或者偷懒只想跟在别人身后，可这都不是长久之计。

我们能凭借兴趣开始做很多事，却很难在没有目标的情况下长久坚持。别人的目标也没法拿来就用，每个人的立场、环境和诉求各不相同，做事的方法可以请教于人，究竟要做什么却只能靠自己探索。

语写指引内向探索

语写是极佳的内向探索工具，它立足于书写又超越书写，让我们在探索未来时，更容易抵达真实而完整的自己。

语写冲破显意识的捆绑

语写的第一个训练重点是语速。它也是语写式表达的基础，要求我们尽可能快地输出，既不评价内容的优劣，也不判断观点的对错，全然保持态度自由。

这种自由一开始并不容易被接受，因为我们习惯了凭借世俗的观点和外界的判断约束表达。语写的输出方式会让我们冲破这些条条框框。在语写中，我们常常还来不及辨别对错，文字就已倾泻而下，给久被压抑的潜意识以浮现的机会，使隐藏于心底的声音得以被听见。

太多时候，我们只是习惯了被安排，不是真的没想法，只是把别人的期待当成了自己的目标，没有真正为自己而活。语写时，我们经常会说到一些话，脱口而出的瞬间突然一愣；会突然想到自己以为忘记了的某个人；会突然闪现某次糟糕的表演；会突然觉得自己说着无所谓的东西，其实也想要；会突然意识到那件介意多年的事原来只是不敢计较。

原来我们被自己管理得这么严格，用太多的应该与不应该约束自我。在语写里冲破潜意识的捆绑，给自己一个发声的机会，也给自己一种真实的可能。

语写里没有犯错

就算一时不能完全真实又如何？没关系，语写里鼓励犯错，甚至不定义那为错，是进步的过程。语写中看到的每一个自我，也没有对错，只有探索。

想要一次性把未来规划清楚是不可能的，渴望把事情一次性就做对，反而会裹足不前。语写之前就要清楚，我们的预测和真实之间一定会有偏差，无论哪一种方式都一定会犯错，但犯错是为了不要活错。

哪怕此时此刻语写对了，随着我们的能力、视角、目标的改变，今年语写下的种种也会和最后的发生不同，而这也正是探索的意义和进步的证明。

知道一定会犯错但依旧去做，这种体验并不愉快。好在语写是反完美主义的，让我们在每一天的练习中学着接纳不完美。语写不要求每个字都精准，不要求每个想法都精彩，只要思考的足够多，就一定会越来越精彩。

甚至语写的最初是没有教案的，只规范最基本的动作，而不做全方位的约束。它鼓励我们直接行动，鼓励要犯的错就早点犯。在行动中成长，在探索中改进。

语写涵盖生活的方方面面

语写训练的字数要求远超其他写作方式，每天 1 万字的标准只是下限，长期语写的小伙伴中，动辄每天 3 万字、5 万字、10 万字的大有人在。

这么多的文字要写些什么呢？很多语写初学者会有这样的疑问。事实上生活是足够丰富的，语写得越多越有觉察力，越能看到事物之间的联系，越能让日渐单调的视角和麻木的心，重新被生活的点滴唤醒。

我们可以写感受见闻、所学所思，也可以写生活的方方面面、边边角角。我们可以高度地聚焦，也可以随意地发散。因为要写的字数足够多，所以语写时的我们既像拿着望远镜，又像握着放大镜。

这种多样化视角让我们在探索未来时不仅可以实现人生的成就和财富的累积，还可以关照到更多元的人、事、物。

094　语写高手：实践证明存在

生活需要各个维度的平衡，仅仅某一个方面的成功撑不起幸福。语写让我们有机会把人生的各个角落都照顾到。看到主干，也见枝叶。

语写让探索的效率翻倍

语写的起始属性，是效率工具，可以在更短的时间内输出更多的文字，从而释放时间去做更多的事。三年前我第一次语写时，完成 1 万字需要 1.5 小时，而现在最快只需要 22 分钟。

在效率显著提高的同时，做事的难度相应就下降了。在人生规划课程中，每一年都要对往后的人生进行语写，这不是一个小工程。如果我们把期待的人生终点定到 100 岁，那么现在的自己离 100 岁还有多少年，就要写下多少篇文字，并且要每年循环一次这个过程。

我在做 2022 年度人生规划时，总共语写了约 14 万字，差不多是一本书的厚度，这是实实在在的体力活。虽然书写未来时不追求速度，用其他方式完成也没问题，但从实际效果来看，如果没有便捷高效的语写，想要完成并且逐年坚持的阻力不小。

可只有逐年坚持，一次次走过人生百年，才能一层层拨云见日。它看起来笨拙费力，但和寻找到人生的真谛相比，是成本极低的投入。

层层递进揭秘梦想

第一次系统性地语写未来并不容易，很可能既向往人生无限精彩、什么都想做，又贪恋眼前生活。总要绕几道弯，才能层层递进地揭秘梦想。

从当下的生活入手，撬动未来

如果不知道怎么下手，可以选择最简单的方法，即按照现在的人生版本写下去。如果终其一生都很满意眼前的生活，就像每年做一次查体，没有发现问题就继续保持健康。

在开始语写之前，会感觉看见未来有难度，但以当前的方式前行，其实很多方面都是确定的，如我们知道孩子会在什么时候上学、知道自己在哪一年退休、知道自己在退休后的生活节奏大致如何。

语写未来时发现，环境对人的影响是潜移默化的，会让不同的生命趋于相同，只要看看周围各个年龄段的人，就很可能照见那时的我们。哪怕一些小想法、小爱好，也会和周遭的人少有质的差别，会聊着同样的家常，同样纠结着三餐吃什么，会过着按部就班的生活，循环往复。这样的生活也没有什么不好，轻松惬意、熟悉安稳，如果坦然接纳、安之若素也是极佳的人生观。

但也有另一种可能，当一年又一年语写下去，会渐渐产生怀疑，会开始疑惑人生真的只能如此？安稳之外为何总略显乏味？会惦记起曾期待过的无限可能。

一直以为眼前的生活还不错，而当时间的年轮一圈圈增加时，我们便无法忍受它的平淡，于是抓紧时间在文字中进行各种尝试。试试哪一件事是自己愿意铆足力气进行到底的，哪一件事只是给生活增添乐趣的，又有哪些事是就连在文字中尝试为其安排时间都不愿意的。

越想做的事，越可能绕着走

把想做的事逐一语写之后会很有感触，我们的心真会捉迷藏，越珍惜的东西可能越怕拥有，越擅长的事情越接受不了失败，总

096　语写高手：实践证明存在

想做足准备再开始，最希望一击即中不容有失。于是，语写中第一个跳出来的心之向往很可能不是答案，总磨蹭着不肯开始、绕着弯躲开的才是。

现实生活中甚至都不曾觉察，为了避免失败，我们常常以还没准备好为由而不敢尝试一些事。而在倍速播放的人生"连续剧"中很容易就看清楚，不敢尝试才是最大的失败。

除此，还有另一件有意思的事也会在语写中被发现。我们在年轻时会更在意外界的评价，更害怕努力无果而引人笑话。上了岁数反而会变得果敢，因为那时人们评价的重点不再是结果，而是行动本身。我们会赞赏 70 岁还在坚持考大学的人，敬佩 80 岁还在唱歌、舞蹈的人。我们会肯定他们愿意尝试，而不苛责他们到底做出了怎样的成果。这给所有可能会失败的尝试带来被包裹的安全感。所以书写未来时，我们很可能拖延多年才在时间的压迫下开启梦想，只是人生已晚，就算最后能够找到真心所爱的事，也错过了原本可以更精彩的时间。还好在现实的生活中，有语写让我们提前洞悉。

从感性到具象，梦想需要反复夯实

洞悉了喜欢做的事，人生就会有质的改变吗？没那么容易。只凭着感性的认知、顺其喜好地做事，很难拿到高维度的结果，也不容易解锁深层次的乐趣。除了答案，我们还需要解题步骤。

实践证明，这个步骤靠自己完成容易受制于经验，而通过剑飞老师的引导更容易明白且聚焦。他会引导我们先站在人生的结尾去看终极目标，在宽尺度的时间节点上明确想要成为的人，接着按阶段写出已经做成的事和达到的财产总值，再去逐一梳理珍惜的人、后悔的事、最牛的成果等各个维度。

每一次梳理都是对梦想的夯实，每一次夯实都证明了改变的不易。我们常常在刚做完人生规划时特别有感觉，但是慢慢地，感觉会变淡。当激情减退时，如果没有明确的行动指南，如果没有逐年的坚持，最初找到的梦想也可能成为被搁置的摆件。

人的路径依赖根深蒂固，重要的事情不会仅仅因为它重要就会自动触发，从习惯到自然的过程需要不断施加新的力，才能逐渐改变原有的方向。这正是在语写里反复书写未来的意义。

向未来的自己借智慧

每次书写未来的人生，都会特别心疼时间的流逝，特别想把无关紧要的事情都"请出生命"。尤其是每次行至生命结尾，站在风景最深处回看一整片时光时，曾经的焦虑、彷徨、误解、冲突，都渺小如尘埃。

体验衰老是很好的教育

体验衰老是一种教育，是我们普遍缺乏的教育。一开始你会很抗拒写老年的时光，多写几次反而成了本质上的和解，每当有觉得过不去的事时，就去问一问那个时候的自己，你还在意吗？如果那个时候可以不在意了，今天的你，是不是可以不那么执着？

每次语写到暮年，我都会用一种苍老的声音和自己慢些对话，就好像那个时候的自己真的穿越时空，来和我聊聊天。

我听见她说，我早就不会因为弄丢一块心爱的橡皮而哭很久，因为做游戏没和喜欢的小伙伴一队而挂怀，当人至"黄昏"坐着摇椅回顾往昔时，也不会想起和伴侣的某次争吵、领导的某次批评、那个总与自己为敌的同事。我和他们一样都会慢慢地离开，所有不开心的情绪都不值得占据时光。

有太多东西，以时间为标尺去衡量的话，都会变得不重要。那什么才重要？一直能敞开心扉和人真诚沟通，一直做喜欢做的事并创造价值，一直保持向上的力量并不断成长，这些才是时光不老的支撑，是我们在今天就应该着手去做的准备。

听未来的自己，来敲门

语写未来时，除了依照逻辑判断成长的步伐，也可以凭直觉去看到自然浮现的画面。这种体验很有趣，与其说在创造未来，不如说是在被未来创造，当我们把自己抛向未来的时光时，有些情节是自动跳出来的，鲜活得好像真实存在在平行时空。

我曾语写到孩子青春期的样子，看到了他们 18 岁离家去上大学的画面，感受了他们的兴奋和我的不舍，也认识到了成长就像一场接力赛，总有人在向前，没有人能回头。于是我收起养育中的抱怨，在他们还在近旁的时候好好说话，提前聊聊青春期的症状，铺好那时的沟通之桥。

我也不可避免地语写到父母的衰老，看见他们越来越爱上医院了，也越来越怕上医院了，直到某年中秋，天上月还圆，月下人已缺。我却还在时不时计较着家庭曾带给我的伤痕，埋怨着他们从来不支持我的进取，可他们却在语写的画面中对我说，不是不支持，只是更期望我平安顺遂，但无论我做出什么样的选择，他们都希望我快乐，也会为我喝彩。

我还看见人生最后的时光，听着歌慢慢融进音符。看见分配遗产的时候，自己出资建设了一座小时候梦想的小公园，期待把更多的快乐留给人间。还有许许多多闯进现在的"未来人"，都在把他们的盼望和智慧——向我诉说。

珍惜每一个最年轻的此刻

每当在文字的世界里走到生命的尽头再重回现实时，总会特别感恩和珍惜我还是现在相对年轻的模样，想爱的人还在身边，想做的事还有机会去完成。

哲学家塞涅卡说："我们所拥有的一切都是从命运那里'借来的'，命运可以不经我们允许而将它收回，甚至都不需要提前通知一声。"当看过了人生的最后时刻，在为明天思考和做计划的同时，记着欣赏今天。

带着这份欣赏和对时间的敬畏，我们会不自觉地多做一些能让自己增值的事，来为我们有幸能抵达的年老多做一点点准备，多累积一点从容。

剑飞老师一直叮咛我们一定要多读书，多记录。当真的走到了人生的结尾，我们才能够多收获别人花了时间写下的思想，能够拥抱满满当当的回忆，能够随便地翻阅从前。这是一笔无比珍贵的财富。

语写未来源于生活，也高于生活

语写未来除了认清生命的轨迹，还是一次跳脱生活表象的机会。剑飞老师说，比起培养作家，语写更培养思想家，我们在语写里发问、探索、反思，用最自由的态度触及更丰富的话题，这都是在为思想添砖加瓦。

这是一条漫长却有趣的道路，无论能不能成为思想家，我们至少可以脱离眼前烟火感受远方的辽阔，至少会朝向思想家思考的问题靠拢，不管有没有答案，愿意多做题就是好的，就能多认识一点自己，多体验一些存在。

从亚里士多德开始，就预言我们会对存在是什么永远发问。

古希腊人说，要认识你自己。休谟答，人无法认识自己。米兰·昆德拉希望解释这种矛盾，因为我们只能活一次，但一次不算数，一次就和从来没有活过一样，既不能拿它跟前世相比，也不能在来生加以修正。

而无论是关于人生规划课程的语写，还是关于日常的，每一次涉及未来的都是在思想上体验人生，它多多少少会有一些疗效，会尽可能修正人生"剧本"，尽可能让我们多一份珍惜和无悔。

语写是时间的艺术

无论是语写本身还是书写未来，都是和时间有关的艺术，我们思考时间、优化时间、体验时间，直至重塑和叠加时间。

撬动时间的杠杆

在各种方式的语写未来中，我们既在花费现在的时间创造未来，也在借助未来的时间撬动现在。它们像是大型的思想实验，以愿不愿意行进一生为标尺，衡量梦想的长短。

生活中每一段时间的价值属性都不同，最有价值的是花些时间问对问题，这是我们找对答案的前提。为了错误的事情花费力气做无谓的消耗，最不值得。

而无论是提出问题还是解决问题，所需要的能力都可以在语写训练中不断得到提升。生活之中难免有困惑、体验不好、情绪不佳和遇到难题无法解答的时候。把这些问题拿到语写中和自己探讨一下，想想其发生的原因和可能产生的后果，找到现在可以选择的方法和寻求的帮助，并且在问题解决之后再复盘，这些问题可不可能原本就不必要发生。

我们可以省下时间去做真正重要的事，把那些一辈子都愿意耕耘的事在每天里践行，把那些最后才珍惜的人现在就珍惜。

收集时间的切片

喜欢在语写里遇见每一个自己，尤其是发生于将来、还未曾抵达的。每一个版本的自己，仿佛都生活在不同的平行时空，过着各自的人生，重点、目标不一样，思维方式和对于未来的期待也会不一样，也不必一样。

就是因为能够发现不同，能够比较出他们的差别，我们才得以筛选出自己更喜欢的样子。

哪怕是同一个版本的自己，时间似乎也是非连续的，就像切片一般。现在的自己会责怪之前的自己不努力，未来的自己又会遗憾今天的自己不进取，就好像是各不相同的人，守护着各自的时间，成为独立的主人。

于是在交错纵横的时光中，我能够看到各种各样的自己，会从中挑选出更满意的样子，拼凑起更无悔的时光。

如果挑选不出来，就在语写的过程中让他们彼此碰撞，进而群智涌现，虽然他们都很普通，总会做出令人发笑的行为，但要允许他们之间相互影响，这样才能进化出超乎想象的人生，用更优质的方式填充时间。

认真做事比享受清闲更快乐，这是我在一趟趟语写人生旅程中最深刻的收获。不要抱怨忙碌，不要抗拒努力，最幸福的体验不在于有时间可以散漫，而在于真正有事情值得沉迷。

把事做成有两种情况。少数人先想到，再做到，称得上是心想事成；更多人则被推动着先做到后，才发现原来自己其实可以去想。

剑飞老师一直鼓励我们尽管去想，只要曾经有人做到的事，我们都能够找到方法去完成，哪怕是没有人实现的梦想，也可以假装像梦想已实现那样活着。

语写是时间的艺术，也是实践的艺术。在日复一日的陪伴中，它让我们在不知不觉中可以把一件事情做很久，又在过程中不断清楚还有什么事情想要做很久。

在语写中，以年为单位去做一件事情很习以为常，3年、5年只是一个开始，30年、50年能把一件事情做成也可以展望，当真的能坚持30年做一件事情，哪怕你不是每一天都用尽全力，哪怕你天资聪颖不够，也足以做出一番成就。

我们常说怎么过一天就怎么过一生，而对语写的小伙伴来说，他们怎么过一生就怎么过一天。人生的旅程总是行色匆匆，我们无法拥有所有的美好，无法经历每一件事情，也不需要都拥有和经历。

只用梦想"三千只取一瓢饮"，只用怀着最大的热情，走向最真的盼望。如此过一生，相信不会让平行时空里的各个自己太过失望。相信他们也会喜欢我们一起创造的未来。

快乐语写的五个秘诀

麦风玄

作者介绍

"麦麦闺蜜圈"发起人，女性成长顾问，高级速录师，语写千万字达人。"语写妈妈1天1万字实践营"发起人，致力于打开1万个妈妈的心扉，创造自己的故事。语写刻意练习超1000小时，站上有500名观众的舞台讲述自己的语写故事，勇于克服紧张，成功逆袭位居"C位"，潮汕宝妈一直在路上。

人人都想快乐，不管是孩子还是成人，终其一生都在追求快乐。有些人每天都快快乐乐的，而有些人似乎不堪重负，常常被压抑得喘不过气来，甚至出现失眠、抑郁、情绪低落等情况。本篇从写作的角度入手，聊聊快乐语写的秘诀。

过去说写作，更多关注的是写出来的作品。巴尔扎克说：天才的作品是用眼泪灌溉的。而作为普通人的我开始写作，是受到了《成为作家》一书对作家的定义的启发。除了我们所熟知的作家的含义之外，作家的另外一层意思是愿意写作、能够写作、正在写作的人。对作家的定位，不仅关注作品，更在乎写作过程中的感觉。

认知一变，机会一片，脑海中有个声音告诉自己"先持续写就是了"。写得好并不一定写得多，写得多一定会写得越来越好。一件事情持续做下去，一定伴随着快乐情绪，给人以滋养。

知道如何应对枯燥期

学习任何一项技能，必要经历枯燥期。如果你希望语写过程是快乐的，有源源不断的思绪喷涌出来，就必须学会应对每一个枯燥期。枯燥期可以检验你是否愿意花更多时间在语写上面，是否能带着足够的信心去探索真实的自己。为了确保能够到达目的地，你需要克服一个个枯燥期，就像"升级打怪"一样。每一个成功的语写者，都是擅于化枯燥为快乐的高手。

环境影响心情，仪式感很重要

我从高中就开始写日记。为了激励自己写下去，每隔一段时间，我就会往文具店跑，挑选自己喜欢的日记本和笔，将它们满怀欣喜地抱回家。现在采用语写的方式，不再用到日记本和笔。在语写前，有条件的情况下，我会先在香薰机里滴上几滴橘子味的精油，再开启语写之旅。如果在户外，我会随身携带一瓶调制好的精油，涂在脸上或者手腕上，这样也能闻到喜欢的味道，而后开始自由自在地畅说。

2016 年，我完成了语写第一个 100 万字，那会还没嫁人，少女的气息洋溢在文字里，天马行空，畅想天堂。那时的我给足了语写仪式感，腾出一平方米的空间安放心灵。

一个人的学习空间到底需要多大？我的第一个 100 万字的语写"里程碑"是在走廊里完成的，只有一张桌子的空间。学习的空间真的可以很小，但即使小到哪怕只有一平方米，也能够满足需求。

不学习的人会有各种各样的借口，比如家里东西实在太多，空不出什么地方用来学习。但这基本上不存在，因为一个家的面积至少有十几平方米，哪怕在床上学习或办公也可以，只要放一张学习桌在床上，也可以随时学习或办公。你到底想不想学，这才是重点。

现在的条件比以前好多了，学习或办公区域都不止一平方米，我们在属于自己的空间里翱翔。你的一平方米空间在哪里？

如果你喜欢大自然，可以在户外语写，多走出去看看，世界很美好。在室外，我会蹲下身子去探探花儿的形状，嗅嗅花香，抱抱树木，碰碰小草。至今我还念念不忘那一个个白天和黑夜，对着天、对着地、对着花草树木自由倾诉的日子。多创造一些仪式感，生活会更幸福。

事前规划语写时间

时间可以记录并监测我们每日的语写，受不同因素的影响，

108　语写高手：实践证明存在

每个人的语写时间都不一样。但我们最好选择早上语写，早上开启全新的一天，会写出更多关于对未来的设想。以前上班时，我会把语写时间安排在下班之后。那时走了很多路，去了很多地方语写，每天除了上班，就是在语写。

语写时间可以根据我们所处的阶段进行调整。生完孩子之后，妈妈们独处的时间极其有限，可以把语写尽量放在早上孩子起床之前那段时间，早上语写完能量满满，如果再去做其他事情，整个人就像"充满电"，干劲十足。妈妈们应先照顾好自己，之后才能照顾好孩子。

人的注意力是有限的，通过语写我测试了自己的注意力大概能持续 45 分钟。用镜子练习的方式，可以使训练过程更专注。你多久没有认真看自己的脸了，眼睛是暗淡无光的还是炯炯有神的，头发是柔顺的还是毛糙的，眉毛最近是什么时候修剪的，细纹是否增多，嘴角是否上扬。

在组织"语写妈妈 1 天 1 万字实践营"活动期间，我会设置镜子练习环节，让妈妈们可以借此机会好好看看自己，让自己的嘴巴持续动起来。接着，大家的心扉也会慢慢打开。生活尽管很忙碌，但你也可以诗意地驻足一会儿。每天至少留 15 分钟的时间和自己对话，你会发现生活在悄然发生改变。

固定时间语写，一到时间立即拿起手机，打开语写 App 说起来，不给大脑留半点思考空间。很多时候不是你不行，而是你觉得自己不行。行动起来，你会发现自己如此行。

倾听声音，给自己鼓励

每一次语写把注意力放在嘴巴发出来的声音上，内心会突然有一股暖流涌出。全神贯注在当下，那种幸福感不言而喻。倾听当下语写的声音，爱上它，写不下去就给自己多一些鼓励和夸奖。

每一次吸气和呼气都能够与声音相连，音调也会随之而改变，就像一个开心的小女孩在不断地为自己欢呼雀跃。爱上自己的声音，爱上此时此刻在语写的自己。

语写时，我们有时像将军，指挥着千军万马；有时像编剧，编排着生活一角；有时像受伤的小鸟，述说着内心的苦闷。啊，这才是真人生，各式各样！

在日常生活中，我们习惯用"做一天和尚撞一天钟"来比喻那些得过且过、敷衍了事的人。认真活在当下是最真实的人生态度。每次语写，我也会提醒自己，语写时就好好语写，偶尔也会走神，轻轻拉回来就可以。

如果一个和尚在敲钟的时候，总想到敲的就是佛，便总会用虔诚的心敬钟如佛，用一颗坐禅之心来敲钟，那钟声自然不会空洞无物，而是蕴含了许多禅意。其实，在生活中，我们对待自己的工作也应该如此，语写也是一样的。

谚语云："有志没志，就看烧火扫地。"只有用心做好小事才能做成大事。这也验证了只有心态摆正了，行为才能端正的道理。

语写使生活从无序到有序

无心插柳柳成荫。语写到一定程度，我们会发现生活在逐步变得有序，整个人也变得更加沉着、稳重，不会整天浮躁、浑浑噩噩的。人生因为记录而被赋予了更多的意义。

从生活里跳出来

苦恼苦恼，苦恼即菩提。每次遇到纠结的事，我们可以在语写里不断阐述想法，从"为什么"延伸到目标一致性，再延伸到不同人的不同反应。既然大家的目标是相同的，实现的做法就有很多种，找到双方都可以接纳的方式即可。跳出来，用语写这"第三只眼睛"看一看、判一判。

从混沌不分到明明白白，需要经历很多磕磕绊绊，无序的生活通过一点一滴的观察、实践与总结，破除"我执"，逐渐变为有序。人生就是一场修炼。

有一次，我家孩子从床上掉下来，刚好被我接住，但糟糕的是，我手上的硬卡片刮了他的脸，划出一道深深的印痕，他伤心地哭起来。我急忙和他说对不起，问能不能原谅妈妈，他一边哭一边点头。我心如刀割，一直责怪自己不小心。孩子的爸爸进来说："笑一个吧。"随即，孩子给了我们一个笑脸。后来在语写里把这个场景重新阐述后，我豁然开朗，感谢孩子给我上了一课。我伤害了他，他并没有讨厌我，反而能笑着回应，感谢他的宽容和理解，教会我活在当下，不被情绪左右。

生活依旧，但心境已不同，做困难而正确的事。语写让所有的种种都被记录下来，它就像一条线串起生活的方方面面。

打破思想禁锢

语写能够追踪生活，通过一件小事，借助文字表达，体会当时的心境，还原生活轨迹。原本一件不断盘旋在头脑中的事，通过说出来，用文字呈现在面前，便有了正向反馈。用文字表达自己的想法会促使我们思考自己是否真的想清楚了，当我们把之前写下的文字进行一一对比，会发现很多自相矛盾、意见相左的地方，想法会因此而解放。

语写能把你所想的全部记录下来，没有想到的不会出现在语写的文档里。如果你想变成一个思想丰富的人，可以把想要涉及的内容统统用关键词描述一遍，查找资料再进一步拓展。

厘清人际关系

爱自己，才能爱他人，爱是底层燃料。无论在生活中发生什么，接纳自己才能真正接纳他人，爱是人生顺畅通关的通行证。童年时我们对周遭环境的很多感知被我们装进身体里，有点像采蘑菇的小姑娘采了一个又一个的蘑菇放在身后的背篓里。小时候对遇到的人、事、物形成认知并放进身体的"大背篓"中，不同的是有的人装进的是新鲜有营养的蘑菇，而有的人装进的是毒蘑菇。这些"蘑菇"变成了强大的潜意识，变成了一个人丰富的内心世界，它们是我们形成什么样的个性、和什么样的人在一起的思维意识源泉。

当我们在述说以前时，注意力越集中地去察觉身体最直接的感受，就越能接近自己充满创造力的内心。我们在语写时，通过听觉、嗅觉、味觉、视觉、触觉这五感建立起来对自我的认知，与身体相连接。我们在世界各地穿梭，用身体来感受并用语言描述出来，其实就是在用身体写作。一件事一件事梳理，一个脉络一个脉络厘清。

让语写推动你前进

输出倒逼输入，语写得多前提是也要看得多。阅读困难症，在语写后是不存在的。语写进入状态后，就好像获得了动力，会不自觉地复盘最近看过的书籍、遇到的人、做过的事，让我们充满活力。用语写蓄能，保护好自身能量，不轻易让他人消耗。

做一个会语写的人

一个会语写的人也是一个会阅读的人。我们都认同阅读很重要，你要去读书，因为"书中自有黄金屋"；你要去读书，因为"万般皆下品，唯有读书高"。买了很多书，可能你一本也没有完整地读完。刚开始阅读你还兴致勃勃，但看一会儿就走神了，要么困了，要么跑去看一会儿微信、刷一下视频，一小时很快过去了，大脑却以为我们已经读了一小时的书。

罗振宇老师在《阅读的方法》这本书里，把在读书过程中感受到的快乐和阅读带来的极致体验做了一些分类。他把书籍当作一个火柴盒，里面一共有 24 根火柴。他说，你就划呗，总有一根能点燃，带来一些不一样的体验。体验阅读的乐趣，做下去才更有动力。

因为每天要语写，输出到一定阶段后必须输入，这样才能有话说，只有先把自己倒空，才有空间存放新的内容。在语写里面得到乐趣，阅读书籍有所启发并记录下来，两者相辅相成，不再是因为阅读而阅读，而是寻找答案、启发思想。

如何更好地阅读？市面上也有很多关于快速阅读、高效阅读的书籍。在这里分享几种我常用的方法——精读、泛读、领读、跳读。

精读：将画思维导图、拆书稿、康奈尔笔记法相结合，其核心是带着问题进行阅读。

泛读：目的是爱上阅读，实现自助式阅读，搭建书籍的框架。

领读：做阅读引领人，重点在于人，以书为开始、以问题为导向、以分享为方法、以回应为结尾，让大家一起讨论和共创。

跳读：将书籍变成工具书，有意识查看需要的内容，主动地舍弃、有意地忽略，以求实现更高效率。

每个人都在生活中不断地进行创造，寻找更多的灵感，同时也产生更多的想法。我们需要发挥主观能动性，不断地去想象和产生一些其他想法，丰富情感，使语写内容更加丰富多彩。

不要让别人影响你的情绪

在与人打交道的过程中，如果发现对方是一个情绪不稳定的人，应立即停止与他沟通，不做别人的情绪垃圾桶。如果对方是你的领导，你不得不与之打交道，就要识别对方的情绪导火线是什么。

语写是心灵的避难所，我们有时会不自觉地接收到他人的情绪，心里会不好受。我们应在语写里分析并区分，这种不好受是源于自己的情绪还是他人的情绪，给自己设置一个情绪提示语，如"叮咚，请停止""情绪大象请走开"等。

保持情绪稳定是一种能力，能力是通过大量高强度的实践训练而形成的一种行为习惯。只有实践才能获取能力，所以当下情绪有波动起伏也没关系。如果意愿度强，我们应借助语写不断观察和分隔情绪，从而使其转化为行动。

人的成就一定是在做事过程中修炼的。好比运动，一定要主动地去找健身房，或者到户外进行锻炼。如果想要达到更高的效率，精准修复身体，还可以找健身教练。只有动起来，身体才能变得越来越好。

语写也一样，每天抽出 1 小时完成 1 万字，梳理自我进行思考，把我们平常起床无意识刷手机的时间变成可视化的嘴巴运动。如果写 1 万字平复不了情绪，就写 3 万字、5 万字，甚至 10 万字。

处理不快乐情绪

快乐是一种选择，而不是任何事情的结果。并不是我们做了某些事才会得到快乐，而是首先要去选择快乐。我们应尽量做到无条件的快乐，也就是做自己，更少地被外在刺激所驱动，更多地通过内在体会到喜悦和自由。

生活通常不会事事如意，时时快乐。每个人在生活过程中或多或少都会遇到一些烦心事，要学会梳理想法。事先准备情绪急救包，学会情绪释放法的步骤，你会发现生活中大部分的不快乐会迎刃而解。

准备情绪急救包

情绪会来，但也会走。当不快乐情绪还没来时，先准备好急救包，如运动、交友、陪伴家人、阅读、写作等自己喜欢做的事。一旦不快乐情绪来临，我们就根据当下场景选择最优方案急救。

回想一下，在过去的 10 年甚至 20 年里，你在坚持做着什么事情，最喜欢做的是哪些事情。静下来好好想一想，至少有一件事情持续做了五六年以上，或者是一两年以上，反正是持续做得比较久的，而不是什么也没有，哪怕是一件小事。如果现在还没有一件事情坚持一两年以上的，好好停下来思考，再过两年后，你想要坚持的一件事情到底是什么。如果没有也没关系，以后有就可以了。所以，最重要的是找到你想要去做的那一件事情，持续做下去。

时间真的是一个法宝，当你坚持做一件事情并不断进行时间的滚利时，它会发挥出巨大的作用。如果你觉得自己好像什么也不喜欢，那就从身边几件做得了的事情开始，如拍一张照片、散步、每天夸奖一下自己等，先持续做一段时间，然后再筛选出一两件能够持续做下去的事情。注意力在哪儿，结果就在哪儿。

如果你真的喜欢某一件事情，就会想办法把它做得更好，而不会考虑它到底有什么用。喜欢就是最大的回报，在做的过程中保持心情愉悦，收获也会越来越多。

平常多注意建立人际关系网。人际关系网就是与每个人发生联系的人际关系的网络。"书到用时方恨少"，人际关系网也一样。对每个人来说，人际关系网的建立都是需要花费时间和精力的。当遇到事情时，你会想到谁，能得到谁真心实意的帮助呢？

平常与人沟通交流，以种好种子的心态进行，你的人际关系网就不会差到哪儿去。想要什么，先给出去。多与他人交谈，只有交往了才会知道更多人的品性。刚开始不知道，是因为还没有接触或之前压根就没有想过，接触之后就会产生更多思考。以创造价值去交友，你能创造什么价值，就会认识什么样的人。你的作品就是你的人品。

多陪伴家人，爱家人。爱是动词，不是名词，需要行动，需要花时间陪伴家人。每天花在家人身上的时间和每天的行动力证明自己愿意去做某件事情并以此得到更多锻炼。特别是孩子，你陪伴他的时间，他会用行为表达出来。你和孩子的相处模式，别人看在眼里，会知道你是不是真的在认真陪伴孩子。

每个人在生活中都会扮演不同的角色，如别人家的女儿、别人家的妻子、公司的员工等。在不同的时间段我们会扮演不同的角色，对这些角色我们需要不断变更，同时也要做好平衡。

比如一个女人下班回到家后，她本应该扮演妻子或孩子妈妈的角色，但是她并没有立即进行角色转换，导致她的家人心生一些埋怨，但是她自己并没有及时觉察出来，进而使情感断裂，就像掉链子一样。所以我们在日常生活中，要多一些觉知去感悟，只有知道了当下的场景、当下的人、当下的心境,生活才能更好地运转起来。

在有限的时间内,我们要创造更多的不一样。并不是每一个人都想追求平稳的状态,当一个人想要转变或意识觉醒之后,就想要追求更好的人生,想让自己在世界上潇潇洒洒地走一回,而不是混混沌沌过一生。

情绪释放法

情绪释放法有三个步骤:观察情绪,剖析情绪背后的情绪,是否接纳情绪。

首先,观察情绪。想尽办法让自己的身体静定下来,用深呼吸的方式快速调整,打开语写 App 倾泻全部情绪,无论想说什么样的话,都让其宣泄出来。问自己——现在感受到了怎样的情绪?同时对应身体,感受身体的感觉。虽然女性有着会观察情绪、表达情绪的天然优势,但有些女性从来不允许自己表达愤怒、悲伤,这些人要练习的就是"现在我可以表达了",如可以在语写中说:"对你的所作所为,我感到很生气;我感到悲伤;我允许自己流泪、释放情绪。"

其次,剖析情绪背后的情绪。我为什么对这件事如此看重,是想要得到认同,还是想要控制什么?情绪是指示器、驱动器,但我们的人生不应该由情绪决定。如果你跟随不快乐的情绪,有可能就会做出人生最糟糕的决定。

最后,问问自己是否接纳情绪,什么时候放开情绪。如果心里还有过不去的坎儿,就继续观察和释放,直到真正放下。情绪是一种能量,有什么情绪就会有什么能量萦绕身旁。你处在不同的情绪里,就会给自己制造不同的能量,吸引来不同的东西。

让生命再活一次

写作能让我们单一的生活经验变得多样，在写作的世界里再活一遍，看清楚思想痕迹。语写是为自己而写的，让我们在写的过程中重视语言、塑造思想，进而转化为行动来影响他人，吸引更多同频者，"革自己的命"，让生活重新绽放。

为自己而写

语写不是写给别人看的，而是为自己而写的，做自己的人生导演。

弗洛伊德说："写作的主要目的是满足自己内心的某些需要，而不是为了别人，虽然当别人看到了我们的努力、认可了我们的成就时，我们会产生强烈的满足感，但写作终究还是源于我自己内心的碰撞，是为我们自己而写的。"

在跟随着情绪流动的写作过程中，你会不自觉地打开心扉，真实面对自己，非常坦诚地去触碰内心隐藏的内容。近距离地观看自己、陪伴自己，并接受自己真实而丰富的面貌，不管是多情的自己、无情的自己，还是脆弱的自己、坚强的自己，又或者是快乐的自己、悲伤的自己。

你不用担心自己的写作能力，只要会说话就可以，让你的情感真实流露。事实上，在你开始语写，写出"世界上最烂的垃圾"的时候，一场珍贵的接纳自我之旅就开始了。

那些写出来的字，不是取悦别人的作品，而是我们内心淌出来的"血"——把脆弱呈现出来，让它晒晒太阳，再坚硬的冰也会融化。

你会和我一样，在文字之中重遇自己！无论是哪种面目的自己，当我们写出来之后，都会愈加珍惜。我们内心的爱会随着指尖流淌的文字重新流动起来，人生会重活一次！

语言塑造思维

剑飞老师在直播间总是强调一句话：语言就是生产力。语言对人的影响是非常大的，这也是在提醒我们，无论是对自己说话还是对我们的孩子说话，都要用正向的语言，因为语言会塑造一个人。

语言本身具有反向塑造的作用，当一种语言脱口而出时，它会反过来塑造我们的思维。无论是正向的语言还是负向的语言，说话的那个人总是第一个听到的，所以要多说鼓励的话语，给自己多一点自信。和他人讲话会第二次反弹给自己，所以说好话很重要。

这里需要注意一点，一直吐槽、一直倒苦水可以吗？当然可以，只有把杯子里的脏水倒掉，才能将清水装进去。但我们要给自己一个时间期限，不要一直在倒脏水，而忘记清水在旁边等候。向着美好是我们的义务。

人类能够通过语言交流，是因为我们可以说话。这是人类拥有的一种神奇能力，我们可以互相传递非常复杂的思想。多项研究显示，如果改变人们说话的方式，思考的方式也会随之改变，这也是语写的另一个重大功能，即创造未来。当头脑中有想要完成的目标时，我们通过嘴巴说出来，就会变得具象，头脑中的画面感就会越来越强，从而提升实现目标的概率。

语言是认识世界的"工具箱"，但只有你看见、想到，才会说出来，所以要多学习、多和人接触，了解更大的世界。

用行动而不是理念影响他人

一个四岁多就立志做漫画家的人，三年级就阅读了比老师多十倍的书，由于老师欠他 23 个问题没回答，因此他决定自己寻找答案。十五岁辍学去台北画画，成为全国出版漫画数量最多的人，也是出版语言种类最多的人，他就是蔡志忠。他是在第一时间就确定目标并朝着目标逼近的人。语写也应是这样的。量变引起质变，写得多的不一定写得好，但写得好的一定写得多，我们要扎扎实实地在量上多下功夫，一起做勤劳的体力者，用行动来影响他人。

之前剑飞老师的语写达到了 500 万字，我还疑惑：写这么多有什么用？后来，我想明白了：如果当初剑飞老师停止了，不再继续语写，可能就没有我们往后的这些故事了。所以，你不必在意别人的质疑，只管去行动。当突破一个临界点后，别人就会明白：哦，原来你一直在行动。这些行动本身就已经是非常珍贵的礼物了。

柏拉图在《理想国》一书中给出了一个著名的比喻——洞穴之喻。大致意思是一些从小被绑着不能活动的囚徒，面朝洞壁坐在一个山洞里，洞口有一堆火在洞壁上照出一些往来木偶的影子。这些囚徒一直以为影子是现实的事物，直到有个囚徒摆脱了束缚，转身看到火光下的木偶，才知道以前看到的只是影子。当他走出山洞，看到阳光照耀下的万事万物，才知道那些木偶也不是真正的事物本身，而是一种摹本。最后他看到了太阳，明白一切都是借着太阳的光才能看见。太阳才是最真实的东西。

不活在自我思想限制的虚无里，内心坚定，持续践行，这是唯一能走出来、行得通的路。

用语写进行自我革新

自我革新是一个触及内心深处的过程，是一种使情绪更平稳、更欣赏自己的方式。若想改变以前那个不喜欢的自己，总要采取行动，总要在意识层面开始。

不仅帮助自己要这样做，帮助别人也要这样做。当你的觉察力越来越强时，你会发现自己的情绪越来越稳定，生活也会因此变得越来越幸福。

我们知道人性有很多弱点，自我革新必然会遇到阻力，这是再正常不过的事。好玩、贪吃、懒惰、工作忙、心情差、疲惫等，这些都会成为我们自我革新路上的敌人。我们不要和它们正面交锋，而应用旁敲侧击的方式打入它们的内部，化敌为友，把握尺寸，共同完成目标。

有的人遇到的阻力会比较大，斗争会反复，甚至是多个回合的斗争。这种反复没有太大的害处，它将使勇于变好的你得到一定的锻炼，能够给后人述说自己的精彩故事。通过语写，你可以去看看更大的世界，体验人生不一样的精彩。

你可以了，全世界就可以了。

语写的力量只有持续实践过的人才清楚。现在重新翻看四五年前写下的文字，你会猛然发现很多真相。每个阶段都有迷茫，只是各不一样。萦绕在脑海中的事情，在通过嘴巴快速写作的过程中，答案会自动显现。在语写中进行自问自答，你会发现人类的智慧。

语写是我的平行世界，让我有机会再审视一次现实生活。通过语写，我可以把脑海中的一团乱麻和压在内心沉沉的石头都清理出来，就像做了一次大扫除，大脑和内心都变得宽敞、干净和安宁。

正如在"语写妈妈1天1万字实践营"中我会遇见不同的灵魂，生活也变得更加有趣，不再是平面的生活，而是已然变得立体了。日常1万字的训练，90%是写给自己看的，10%是可以通过修改变成文章给他人看的。放轻松写，不用太在意辞藻是否华丽；凭着直觉走，重要的是与心的联结。

我们丢失心很久了，是时候把它召唤回来了。语写会治愈和启迪你，给你指明方向。你相信它，它也会相信你，愿你找到自己。

语写——改变人生的工具

清茶

作者介绍

　　某地方性金融机构高管，40多岁决定从一个五线城市到上海发展，新的环境新的挑战，爱运动、爱生活，喜欢徒步、登山、旅行。2018年遇到剑飞老师，练习语写4年，截至2023年2月底，完成语写5500万字，单日语写成功挑战40万字，5天累计语写成功挑战100万字。

我从 2018 年开始语写至今已有 4 年多，它已成为我生命中不可缺少的一部分，像呼吸一样自然。语写改变了我的生活和习惯，重构了我的内在认知系统，改善了我与家人的关系，同时它还是快速记录的好工具。集如此多的功能于一身，它的很多隐藏功能还在被不断挖掘。如果你想改变人生，随时随地写作，探索自己的能力边界，规划未来，语写可以成为你的选择。

语写改变生活习惯

最初语写，我是想记录自己普通、平凡的人生，后来我也一直坚持用语写记录感受到的一切，尊重记录过程，全力以赴表达，相信文字的力量可以穿越时空。语写 4 年后，我对待生活的态度和方式发生彻底改变，语写让我用自由说话的方式找到了最好的生活状态。

改变最大的是我学会了规划时间。语写前的我是典型的夜猫子，喜欢晚睡，刚开始我尝试过在早上、中午、晚上各个不同时段语写，经过一年多的练习，最终我把语写时间固定在早上。因为早上起床后头脑最清醒，语写效率最高。

现在我每天早上的安排是 5 点 10 分左右起床，语写 2 小时 20 分，主要内容是梳理今天、回顾昨天、做分析总结，或畅想未来、关注自己想做的事，这让我充满了激情。人到中年或多或少会有危机感，可我的焦虑未增反减，对未来是笃定的、充满自信的，知道自己想要什么。这得益于语写，让我重建了一套内在认知系统。

语写改变了我和家人相处的模式。语言的力量非常强大，哪怕每天只是对着自己说，也在无形中推动着我改变。语写是反省的好工具，在语写中经常夸夸家人、说说自己，发现每个人更多的优点。回看两年前写的文字，我发现有很多夸赞家人的内容。

我的改变已悄然发生：遇到冲突时我会认真想想背后真正的

问题是什么，怎么解决它；面对面交流不再扯着嗓子比谁更能说服对方，有效的沟通变多了。看似小小的改变却带来人生的巨大变化，家庭生活更快乐了，矛盾少了，幸福指数上升了。语写就是这样的工具，让我在不知不觉中慢慢地改变着自己。

语写改变思维模式

　　语写速度提升到一定程度，思维跟不上嘴巴，于是思维被接管。经过一段时间的语写练习，思考速度会变快。这是人自身的适应能力，思维习惯了跟着语速飞奔，加工信息的速度也会大大提升。长期练习语写的人在沟通和交流时，能高效地提取有用信息，分析过程，得出结论。这是内在能力的修炼，语写看起来是嘴上功夫，实际上修炼的是综合能力。想要思维变得更快，语写是个好方法，持续练习，说得越快，想得越快，思维的快速加工会像肌肉记忆一样形成习惯。思维变得快捷高效，处理事情的判断力和决策力会变强。快速的语写练习还会不断拓宽思维的边界，触及我们未曾到达的领域。这是通过不断重复的练习获得的能力。当大脑里充斥着各种内容时，需要用合适的方式梳理归类，而语写是最快捷的方式之一。几分钟时间它就可以处理大量的信息并完整地记录处理信息的过程。语写想要写好写快，一定要专注，专注于语写本身，专注地语写 20 分钟强过漫不经心地语写 1 小时。专注是提升能力的关键，也是高效的代名词。语写练习就是不断提高各项能力的过程。

做人生的规划师

　　剑飞老师的语写课程——"人生规划"，用一天模拟人的一生，

126　语写高手：实践证明存在

规划100岁前每一年的人生状态和成果，一个年份语写1000字。写之前觉得，语写100岁那么远的事情，对我来说有什么意义；写完后才明白，我想过的人生是平淡的、真实的、触手可及的，活到100岁，我还有50多年的人生可以规划。人生有很多不确定的东西，这才是人生，今年这样过，明年或许就会发生新的改变，人生可以换一种方式。

70岁以前以5年作为一个时段进行规划，因为这个时候的自己还年轻，可以尝试更多的可能性。人生可以分成很多个阶段，每个阶段的目标不同，工作、结婚、买房、生娃、升职、退休、生离死别，人生会一一呈现在规划中。我在语写中第一次非常清晰地感受到父母的离开，提前预知生命终结的意义，忽然明白人生没有等待，需要珍惜每一次和父母相处的机会。"树欲静而风不止，子欲养而亲不待"是人生最大的遗憾。当生命离开之后，我们永远无法再和父母进行沟通和交流，再也无法真切感受到他们对我们的关爱。这让我决定重新规划人生，增加一项生命体验，每年和父母一起出去旅行，一起快乐悠闲地生活和行走，用陪伴和旅行享受爱的时光，用视频、照片、文字记录过程，愿人生不留遗憾。

70岁以后以10年为间隔进行规划，时间跨度变长，生活节奏变慢，要把时间拉长来规划。到了90岁，成为一个高龄老人，孤独感越来越强烈，与我的生活有交集的人越来越少，晚辈们都有自己的生活。一直到100岁，我的生活都是规律的，每天早起锻炼身体，语写一小时，记录每天的想法，让我的生活变得更有意义。如果人生如规划的这样度过，我会觉得特别满足、过得特别充实，每一个小的细节都是明确的、清晰可见的。在规划的过程中，我会发现越往后的日子，记录的生活越简单，需要的东西越少，这才是生活真正的样子。运动、写作、画画、阅读，这些行为在规划中从未间断过，写完人生规划我才意识到，这些习惯或爱好是我生命中不可缺失的部分。做人生的规划师，用进行时的状态去看见未来的自己，那一刻就是你在经历的人生。

跟着感觉走

人的大脑每分钟都在产生想法，而大多数的想法会转瞬即逝，只有一小部分会留存下来，而语写可以把这些易逝的想法快速记录下来。想法每时每刻都在出现，频次非常高，远超我们做的任何一件事。语写记录的想法是最底层的逻辑，反映自己最真实的一面。写作对于大多数人来说并不是一件容易的事，用笔或打字的方式进行写作，往往会重度启动大脑，组织文字分析理论，写下深刻内涵的内容。语写是跟着感觉走的，放下对文字的评价，尊重内在流出的最质朴的语言。

巴金在《创作回忆录》一书中记录了创作的过程，小说的人物就像是自己生长出来的角色，脑海里会不断闪现发展出来的故事。这是跟着感觉走的最高境界，想法会自己生长并发展出内容，我们只负责记录。剑飞老师说人的行为是随机的，写作内容是随机的，写作时间也是随机的。看似随机的行为背后，记录的内容是当下的思考过程，有待在记录之后去验证，同时记录的也是潜意识里无数次重复过的想法。语写时不必在意逻辑，只需要把当下的想法记录下来。无论是跟着感觉走还是跟着意识走，语写都不会中断。写得越多越连贯，坚持语写时间越久，能写的东西就会越多。人的想法和感觉从未停止。

打开情绪的树洞

语写是情绪的树洞，可以全然接纳所有。当情绪被点燃的那一刻，自我觉察能力强的人马上就会感知到，会设计一些小动作或心理暗示，把注意力从感受情绪转移到找出情绪和背后引发情绪的问题或需求上。觉察到情绪正在高涨时，最好的方法是找一个不受打扰的空间，用语写的方式把情绪表达出来，可以自由地宣泄，用语言把所有的委屈、愤怒、抱怨、伤心、失望、难过都一股脑地扔进"树洞"。情绪在短时间内会得到缓解，但它不会消失。没有解决情绪背后隐藏的问题，情绪会始终存在，只要再次触及，一个眼神、一句话、一个动作就可能再次被引爆。只有解决了真正的问题，情绪才会消失，慢慢从思维里退却。

而解决情绪问题，语写是个好工具，在情绪得到缓解后，我们可以继续追问自己遇到了什么问题。看到问题是关键，当弄清楚问题后，关注度就转移到了如何解决问题上，如我们想要什么样的结果、有没有方法和路径。大多时候，放下情绪，更容易看到问题出在哪里。而带着情绪就像被风沙迷了眼，大脑很容易产生自我保护，对此我们需要多练习几次，才能试着放下情绪。可以尝试不停地说，把所有的情绪都表达出来，最后记住告诉自己：终于说完了。大脑会听懂这句话，慢慢平静下来。接下来用坚定的语气告诉自己：现在我们来解决问题。这是神奇的自我暗示，我们往往会真正进入解决问题的情境中，把想要的结果准确地说出来。尽量不要带着情绪做决策或进行重要的事务沟通，这样容易把事情变糟。尝试多花十分钟或更长一点的时间释放情绪。这不是一件容易的事，需要多次重复的练习才能逐渐增强对情绪的觉知能力，然后掌控它。还有一点非常关键，当人处于非常疲惫的状态时，很容易被情绪调动，充足的睡眠会让情绪变得更平和。所以，维持身体健康的状态，可以帮助我们更好地解决情绪问题，绕过情绪的"风暴眼"。

语写，有限创造无限

剑飞老师经常说：用有限的时间创造无限的内容。如果每个人都拥有可自由创造的 1 小时，写作、画画、跑步、解题，你会选择什么？在有限的时间里，我们可以创造出无限的内容。每个人创造出的内容肯定不一样。人生由有限的时间构成，一年 8760 小时，一天 1440 分钟，我们应利用有限的时间去创造更多属于自己的、有价值的东西。文字具有穿越时空的能力且很有力量，几个词组成的句子就能营造一个画面或场景，让人身临其境，直击内心。语写让潜意识的内容变成文字，让文字的创造变得更容易、更快捷；语写打破了逻辑的界限，让创作变得更自由、更随性。不受体裁形式的限制，想怎么写就怎么写，都是属于自己的。语写的内容大多数是写给自己看的，记录生活的点滴，感悟人生百态，体味酸甜苦辣，复盘学习成长。我们可以用文字记录每一个动人的瞬间、美好的憧憬、理想的生活、人生的蓝图。有限的人生能记录下来的东西是无限的，只要你想记录，永远也不会缺少主题和内容。

语写单日极限挑战

语写极限挑战考验人的耐力、规划力、体力、毅力，需要坚定的信心、明确的目标和专注的状态。如果你不知道自己能语写多少，可以试着挑战自我的极限，只有做到了才知道是什么感觉。我们可能不知道自己的能力边界，只有做到了才能看到边界。2022 年 4 月 1 日，我完成语写 400 212 字单日极限挑战，用时 16 小时 47 分。语写极限挑战做好以下准备就成功了一半。

早睡早起

早起可以更好地利用时间，早起的前提是早睡，充足的睡眠是完成语写极限挑战的必要条件。挑战越早开始越好，上午精力充沛，极限挑战意味着语写时间很长，所以不要把挑战安排在临近一天的结束，时间很紧迫，会加重疲惫感。我的极限挑战原计划是早上 4 点开始，由于前一天太忙睡得晚，所以调整到早上 5 点起床，虽然保证了睡眠，但也牺牲了早上的宝贵时间。建议每挑战 5 万字，休息 5～10 分钟，适当的休息是为了更好地开始下一阶段的挑战。尽量在中午 12 点前完成当天语写极限挑战的 50%，时间过半任务过半，中午可以增加 10～20 分钟的休息时间。总之，有效利用时间会让我们更从容地应对挑战。

关注目标

我把跑半马（半程马拉松）的经验迁移到语写上，只关注当下的每一公里，不去想还要跑多少公里，这样能更好地建立自信。平时我的语写训练时间都安排在早上 5 点 25 分到 7 点 35 分，一般能语写 4.5 万～5 万字，具体要看状态发挥。因为每次语写挑战我都会有点小兴奋，所以在定目标的时候把标准提高了一点点，2 小时语写 5 万字。回看挑战过程，完成 8 个阶段性目标分别用时 2 分 03 秒、2 分 03 秒、2 分 03 秒、2 分 05 秒、2 分 07 秒、2 分 08 秒、2 分 08 秒、2 分 10 秒。原计划用时 16 小时，实际超了 47 分钟，平均语写速度达到 397 字 / 分钟，前面 6 小时速度比较稳定，达到 406 字 / 分钟。保持如此长时间的高速输出，而且比较稳定，这是平时训练时从没有的经历，平日训练进入状态需要 5～15 分钟，语写极限挑战适当的紧张感有效地刺激了我。关注当下每一个小目标，先完成再完美，定目标时和每天的语写练习结合，能确保目标的达成率。

保持专注的状态

长时间的语写极限挑战、不间断的高速输出，需要保持兴奋的状态，否则很容易感到疲劳。我习惯的语写姿势是边走边说，戴上耳麦，一只手拿手机，另一只手处于自由状态，随时换手。用自己最习惯的姿势语写是保持状态的好方法。我有两部手机，一部专门用来语写，一部用于日常生活和工作，配备专用手机可以保持语写时的专注度，同时保证不受各种信息的干扰。语写极限挑战的时候不断提醒自己"目标是什么，为什么挑战这个目标"，把自己宝贵的专注度始终聚焦在目标上。

自我鼓励

专注语写时，自己会觉察到语速的快慢，每语写一万字可以给自己一个正向反馈。在挑战的过程中，"做好了一切的准备"这一句话我说了可能不止一百遍。它不断地暗示我，自己已经做好了一切的准备，没有任何理由和借口不去完成挑战。我找到促使完成这次挑战最有利的因素，不断强化这个因素对自己的重要性。我把家人不在家称为千载难逢的好机会，并不断暗示自己一定要把握好这个机会。在完成25万字后，我有点懵，觉得时间不够，可能挑战时间太长了，本来对数字很敏感的我，怎么都算不清距离一天的结束还有多长时间。这时我稳定了情绪，告诉自己如果挑战不了40万字，能达到35万字也很不错，能写多少就写多少，不要管时间够不够，竭尽全力就可以了。这时用榜样的力量来激励自己也很管用，我喜欢套用熊彼特和他妈妈的做事准则——力所能及，不断地问自己，在自己的能力范围内，我是否做到了极致。

强身健体

我的语写习惯是边走边说，这也是高强度的体力挑战，在语写16小时47分的时间里，我走了约13小时。年初连续两次半马，有点伤了膝盖，走了几小时后膝盖有明显的酸胀感，我便把准备好的护膝戴上，有效缓解了胀痛。语写本来就是体力活，再加上不停地走动，能量消耗很大，喝了 3L 花茶。由于每一阶段花费的时间都比原计划超了一点，我真正感受到了争分夺秒。在最后的 2 小时，我的体力达到了极限，能感觉到自己的步子已经非常缓慢，身体也有点佝偻，似乎想找一个最平衡的支点撑住自己。那时我深刻体会到：要想语写极限挑战成功，先要强身健体，把身体练好了才有基础。

保护嗓子

连续说 16 小时 47 分，保护好嗓子至关重要，这决定着语写极限挑战是否能够持续。日常的语写训练要注意控制音量，语写和说话不一样，不需要很大声。语写 App 能识别非常小的声音，只对吐字是否清晰、读音是否准确有要求。挑战长时间的语写，我会把声音压得非常低，很小声地说，这样语速也会快一些，但一定要保证说的每一个字都是清楚和准确的。即便是这样，连续说近 17 小时，嗓子仍会有不适，可以多喝花茶，保持嗓子湿润。后面阶段的挑战中，每次我都会含一片金嗓子喉宝，嗓子会感觉清凉、舒服很多。当我们有一次达到自己的边界，就可以有无数次触达边界的机会，对自我的设限也会解除。对于没有做到的事，会有很多不确定性，只要根据数据做出规划，一切都在掌控之中。

你就是作家

写作是一面镜子，可以照见生活、厘清思路、迁移方法，最重要的是去实践。所思、所念、所想，只是一瞬间，脑海里的每一个想法都是崭新的，我们要及时记录下来。手写的速度跟不上思维的速度，这是用笔写作时的感受，而语写实现了这个超越。语写练习到一定的阶段，嘴巴说的速度快于思维的速度，但这需要通过反复高强度的练习才能达到。刚开始语写，无法放下自己的思考和对内容的期待，语写的表达可能会不流畅，这是因为我们还不知道怎么使用语写"这支笔"。通过练习我们能够做到快速启动、流畅表达，进而产生心流，体验一吐为快、畅快淋漓的感觉。不需要太多准备，我们只需要不停地练习，就能真正熟练地掌握这个工具，得心应手地写。写作回到初始的意念，回到把实际所见、所感都写出来的地方，这是捕捉心灵奇妙之处的绝佳机会。语写练习的第一阶段，就应遵循这些基本规则：不停地说，不要删除，不要担心有错别字、标点符号是否合乎逻辑；别思考，一旦开始思考，语言会不断尝试匹配最合适的文字，容易产生停顿，练习用嘴巴带动意识，说得越快，越来不及思考，潜意识里面的内容才会自然地流出来。

　　写作和跑步一样，只有经常练习才会有效果。如果从来不跑步，偶尔跑个三五公里，哪怕配速很慢，也会觉得非常累，身体很不适应，甚至出现各种状况。平时不写作的人，猛一下写两三千字，也会感觉笔下无力，不知道怎么写、写什么，几个小时过去，依然无法写出满意的内容。而通过经常的语写练习，我们可以感受到自己的进步，自身的体力和肌肉会不断适应强度，灵感会不断涌现。很多人问过我：语写你都写些什么？语写是工具，我们所经历的是不断练习使用工具的过程。语写内容中最多的部分，是记录生活和工作中的细节，特别是印象深刻的、好玩的、快乐的、难过的、打动人心的事。事无巨细，但说出来的都是自己关注的部分。

　　我比较关注情绪。情绪如果没有被发现，就会越积越多，最终爆发，语写是舒缓情绪、梳理解决方案最好的方式之一。语写的内容大多数是给自己看的，我们可以放下对内容的期待，进而获得一个自由的空间。通过写作练习，我们可以感受文字在纸上流淌，感受自己和所写的人、事、物都融合在一起。真正的写作只需要全身心去写，相信自己的声音，真实表达内心深处的想法。这才是最具原创力的心灵，语写从这里开始。

作家有一个共同的爱好——阅读，阅读是目前学习知识最有效的方式之一。高产作家阿西莫夫，自称"书虫"，他有着巨大的阅读量和惊人的记忆力，被朋友们称为"便携的百科全书"。我们也要充分利用阅读获取想要的信息，培养阅读的好习惯，放空自己，静心阅读，吸收养分。深刻、仔细倾听自己内在的声音，捕捉外部真实的一切，风声、雨声、空气流动、花鸟虫鱼的声音，这些都会通过耳朵直达内心。此外，我们还要多多地写，将听到的、想到的、看到的、感受到的全部记录下来。只要在写作，你就是作家。

语写，从量变到质变

语写训练的强度和长度决定着语写的技能水平。1天1万字写100天，和1天10万字写10天，同样的数量，练习的强度却是倍数级的增长。学员"小饼干"曾完成了一项壮举，连续271天每天语写10万字，总计2710万字，这个记录前所未有并仍在持续保持。有学员每天1万字连续不中断写了1200天，"小饼干"只需要120天就可以写完，120天抵1200天。从效率上提高了9倍，从时间上看节省了1080天。剑飞老师在《极速写作》一书中提到，提高效率就是延长生命。语写4年后我也感受到了变化，以前语写2000字的总结需要1天的时间，现在只需要几十分钟就能定稿。这种改变得益于持续的语写练习。大量写，每天不间断写，看似枯燥重复的练习背后，是最重要的基本功。语写练习的强度需要保证，练习的长度也非常重要，在强度和长度的共同作用下,才能成就一个顶级语写高手。初级语写训练者常受外在因素的影响,容易产生波动,从长远来看,这小小的波动不会有太大影响;但从细节上看,语写高手会不会受太多外在因素的影响,这是能力高低的差别。从量变到质变有个过程,由语写训练的强度和长度决定,只要反馈分析到位,转变的过程就会大大缩短。

我在刚开始语写的时候,时有中断,还经常给自己找理由和借口,拖到最后,当天的目标就不了了之。直到2020年,当得知一起开始语写的学员已经写了2000万字时,我才开始意识到自己浪费了成长的机会。两张海报再次提醒我和高手的差距:胡奎完成语写5000万字用时1452天,小奇完成语写5000万字用时1309天。小奇是几个记录的创造者:连续748天每天语写5万字,连续日更738天,语写马拉松挑战次数最多者。这三项纪录他还在继续保持着。

高手总是会先给自己定下最高目标,然后没有悬念地完成它。数据反映行为,之所以胡奎和小奇能成为顶级语写高手,是因为他们语写训练的强度和长度比大家都要多。加入群体,感受同侪的力量,能让我们走得更有激情。每天的语写排名,经常是完成语写半程马拉松的才能上榜。我现在感觉自己身处一个巨大的系统,保持着一种高速的运行状态,正跟着系统不停地向前。

尝试挑战新的高度,不断激励自己设置新的目标。语写风云榜上的名次变化,说明大家都在进步。在这个阶段更需要明确自己的行动,在保证一定语写训练长度的情况下,合理设置强度。从量变到质变的过程取决于每个人语写练习的强度和长度,结果也不一样,相差很大,我们应尽量模仿高手的打法,缩短和高手的距离。当然,高手不是一天练成的,现在每天能语写10万字的人,也是经历了长时间的训练才达到的。结合自己的情况,制定合理的循序渐进的目标,才能真正完成从量变到质变的转化。

语写,成长的推进器

任桓毅

作者介绍

睿为®成长陪伴创始人兼 CEO，英国杜伦大学市场营销硕士，语写千万字践行者，时间记录践行者，生涯规划咨询师。10 年品牌人跨界个人成长：曾任卡士乳业、五谷磨房、新西兰康维他等公司品牌/产品/市场负责人。

2021 年 8 月开始语写练习，语写 566 天已累计 1475 万字。在语写之初就将语写与个人成长相结合，将语写作为个人成长的推进器，助力生活和事业的发展。2022 年，创立睿为®成长陪伴，致力于做成长者和好老师的桥梁，陪伴千万人成长。

语写高手：实践证明存在

打开语写 App，一秒进入写作状态，一秒写下想法。这是我们在进行语写时的做法。更多人把语写应用在写作与表达，将其作为高效写作与精进表达的"神器"。而将语写运用到个人成长中，则是另外一番体验：就像身旁有一位成长教练陪伴，不断引导、鼓励、支持着我们。

语写的精髓，在于自由书写。自由书写，把大脑里的思绪通通展现出来，不用思考逻辑对错；自由书写，与潜意识相连，把我们所不知道的那一部分深层意识里的丰富记忆和天马行空的想象呈现，让我们探索和认识自己，看到真实的自己。

成长的内核，更多的是向内成长。向内认识自己、了解自己，著名生涯规划师古典老师在超级个体课程中提到：我们在成长的时候，是从真正理解自己、了解自己开始的，久而久之，内在是通透的。向内成长是一切成长的起点。

语写，是成长的推进器。一秒打开，随叫随到，和我们的潜意识相连。在成长的路上，我们可以随时随地通过不断地自我对话向内探索，不断地探寻内在的真实想法。在不同的场景中应用语写，找到我们内心的答案。

本篇将阐述结合语写的成长方法，将方法模板化、工具化输出。结合各家思想，站在巨人的肩膀上去提炼，让语写成为我们成长的推进器。需要指出的是，我们在遵循模板的时候，思维可能会跳跃。跳跃是被允许的，因为在灵感迸发的时候，如果我们能及时地捕捉到它，可能就会产生意想不到的效果。

语写，是情绪的稳定器。先处理情绪，再处理事情。

语写，是思考的利器。不说问题，只说解决方案。

语写，是优势的发掘器。发现优势，让优秀的自己更优秀。

语写，是极限突破的模拟器。先把技能从"做到"到"稳定"，再到"突破边界"，把极限变成日常；最后把突破极限的能力迁移到其他事情中去。

语写，是梦想的触发器。清晰梦想，积极行动，创造想要的未来。

语写，不止于此……在不断语写的过程中，我们的内心得以通透，成长得以溢出。语写，写出"你"这个独一无二的作品。

语写，是情绪的稳定器

在前行的路上，我们总会有这样或那样的情绪（特别是负面情绪）。当我们有负面情绪的时候，就会被困住，要么停滞不前，要么造成人际关系的紧张，甚至还会伤害到他人……

有时候我们喜欢向好友倾诉，把糟糕的情绪告诉他们。好的情况是当我们倾诉完，好友一句"懂你"，我们的心情已经好了大半。不好的情况是我们把糟糕的情绪带给好友，大家的心情都不好了。但好友不是随时随地都可以陪着我们的，懂得倾听和同理的好友更不多见。更多时候，我们只会生闷气，被情绪左右。

我们可以使用语写App，在语写里面倾诉我们的情绪。在倾诉和记录的时候，我们的声音会给予有效反馈，情绪会被看见。这时语写就像一位倾听者，无论我们说什么它都不会发表意见，它只会默默地听。倾诉完，我们的心情就好多了。

语写，是情绪的稳定器。配上专业的情绪处理模板，在语写的过程当中，我们可以不断地挖掘情绪冰山下的需求和期待。

心理学中著名的冰山理论能够很好地帮助我们。冰山理论是美国最具影响力的首席心理治疗大师维琴尼亚·萨提亚提出的一个重要理论。它是一个隐喻，指一个人的"自我"就像一座冰山一样，我们能看到的只是表面很少的一部分——行为，而更多的一部分，即内在世界却藏在更深层次，不为人所见，恰如冰山。冰山理论包括行为、应对方式、感受、观点、期待、渴望、自我七个层次。

冰山理论过于复杂，应用起来需要一些心理学方面的知识。结合马歇尔·卢森堡的《非暴力沟通》一书，可以简单整理出人人可用的、和自己沟通处理情绪的 4 步骤。

语写模板 1——处理情绪 4 步骤：

（1）不带批判的观察（行为，应对方式如指责、讨好等）；

（2）体会与表达感受（情绪感受，如焦虑、担心、紧张等）；

（3）感受背后的需要/期待（可以是来自对自己的、对他人的，也可以是来自他人的）；

（4）判断需要的合理性，做出有效行动（可以用"我选择做……""是因为我想要……""我会做……"句式表达）。

在语写中，按照上述模板梳理情绪，你会发现其效果如同心理咨询师在耐心倾听，并引导你找到情绪背后的需要和期待。当有情绪时，打开语写 App，按照步骤写下答案。

（1）客观：不带批判地写出我的行为及应对方式，具体做了什么？是指责自己或他人，还是讨好？……

（2）写出当时/此时此刻的感受：是焦虑，还是担心，或是紧张？……

（3）感受的背后，我的需要/期待：我想要什么？为了钱？为了得到他人的认可？为了免受惩罚？为了避免羞愧？为了免于内疚？为了履行职责？……

（4）告诉自己：我想要什么？为了满足需要／期待，我选择做什么？我会做什么？……

先处理情绪，再处理事情。自由写下上述问题的答案后，剩下的就是我们处理情绪后的行动。当情绪被妥善处理后，我们就能愉快且有效地行动了。

语写，是思考的利器

不说问题，只说解决方案

当处理好情绪，让情绪稳定后，我们更容易着手处理好生活中大大小小的问题。比较难的问题，则需要深入的思考。

我们习惯静静地思考，找一个安静的地方，在头脑中构想，最好身边有纸和笔，把关键点写下来。有时候，我们还会将思考向他人提及，以获取反馈意见或得到帮助。静静的思考容易走神，灵感也容易转瞬即逝，从我们的大脑中溜走；向他人提及则需要配合时机。

我们可以应用语写，把我们静静思考的内容和向他人请教的内容变成一种自己想到什么就说什么的过程；我们可以用语写，先发散，再深入，把问题的方方面面都考虑到位；我们可以听取内心的声音，甚至有时候会看到自己"不知道自己知道"的答案，让问题的答案呼之欲出。思考的过程和答案都被转成文字记录了下来，可以方便我们回顾，同时在思考的过程中，声音也给我们增强了反馈，让我们对思考的内容印象更深刻。

根据语写以上的特点，配合自我教练模板，语写即可成为思考的利器，通过提问，启发思考，呈现内心的答案。

语写模板 2——自我教练：

（1）我想解决的问题/实现的目标是什么？

（2）我希望达成的结果是什么？

（3）现在的情况是怎样的？（事实+数据）

（4）影响目标达成的因素有哪些？

（5）我可以利用的资源有什么？

（6）我的行动步骤是怎样的？

（7）我的保障机制是怎样的？

（8）我怎样才能知道目标达成了？

（9）我会如何奖励自己？

大事问心，小事问脑。模板给出的只是一种方法的示例，我们可以应用所学，找到激发我们解决不同问题的途径，并应用于语写当中。关键是，我们能否结合语写自由书写，将藏于内心的想法跃然"屏"上，呈现强大的语写启发思考效果。

每日计划与复盘

对于高效能人士而言，做得最多的莫过于每天的计划与复盘。应用语写，它将是做计划与复盘最好的伙伴，能够将我们每日的所思、所行以像素级呈现。计划出"每天三要事"，回顾前一天目标的达成情况，并且计划出当天的"三要事"；回顾前一天的时间使用效率，进行时间诊断，有效反馈。重复性的事情，把要点或流程存为语写模板，当需要用时马上打开，开始语写。

每天三要事

古典老师极力推荐使用"每天三件事",他认为:"这也许是世界上最简单的自我管理工具了。"将"每天三件事"改为"每天三要事",意在提醒我们专注做卓有成效的事。在语写当中,根据长远的目标及阶段的目标,把梳理的过程呈现出来,能够帮助我们更好地梳理,而不仅仅是列下一个个清单。

语写模板 3——每天三要事(按重要性排序,把梳理的过程呈现出来):

- 第一要事:_____

- 第二要事:_____

- 第三要事:_____

日复盘:只改进,不批判

每天语写中的复盘总结,除了涉及"三要事"的结果及完成情况,还可以对事情的过程进行回顾、审视,在审视的过程中只改进,不批判。

如有做时间记录,我们还可以对时间的使用情况进行回顾和诊断;在完成"三要事"的总结和时间诊断之后,我们还可以对前一天做得好的事情提出积极性反馈[BIA——行为(Behavior)、影响(Impact)、欣赏和感谢(Appreciation)],对做得不够好的部分进行发展性反馈[BID——行为(Behavior)、影响(Impact)、期待(Desire)](参考季益祥《行动教练:把员工带成干将》一书)。

在详细回顾完成之后,我们可以把前一天值得记录和回顾的事情记录下来,以供后续回忆。有语写效率加持,日复盘的颗粒度更细了。 同样,日复盘也可以制定一个固定的模板。

语写模板 4——日复盘：

● 三要事完成情况：_____

● 时间诊断 3 问：（改编自《卓有成效的管理者》）

（1）有没有根本不需要做的，不产生任何成果，纯属浪费时间的事？

（2）有哪些事情，是别人同样可以做好，甚至做得更好，我可以授权出去的？

（3）有没有浪费别人的时间，而这些时间是我可以控制消除的？

● 积极性反馈（BIA）_____

● 发展性反馈（BID）_____

● 每日小确幸（每天值得记录和回顾的事情，成功日记等）
_____

我们可以尝试将语写变成思考的利器，践行日日之功，不说问题，只说解决方案，不断深入思考，不断计划和复盘。除此之外，我们还可以利用语写，不断总结思考自己的知识体系，在语写的过程中获得快速成长。

语写，是优势的发掘器

在语写过程中，我们经常对一些事情进行回顾、总结及关联，可能发现自己的一些做事的方式会重复出现。慢慢地，我们会意识到这是自己的一些惯有模式。这些惯有模式，如果刻意挖掘，能够更快地在语写中展现出来，但更有价值的是发现并应用优势。

如何找到我们的优势，已变成个人成长中的首要任务。管理大师彼得·德鲁克提出："大多数人都自认为知道自己最擅长什么。其实不然……然而，一个人要有所作为，只能发挥自己的优势。"盖洛普公司全球咨询业务负责人，汤姆·拉思在《现在，发现你的优势》一书中指出："我们穷尽一生的时间来改善劣势，却很少关心自身的优势。"

在开展讨论如何发现优势前，我们先澄清两个概念：优势（Strength）和才干/天赋（Talent）。在经过投入时间、精力等刻意练习前，我们讨论的发现"优势"，更多的是发现"才干/天赋"。古典老师在超级个体课程中对这两个词进行了明确的定义：

优势（Strength）：持续地近乎完美的表现，在特定方面持续地取得积极成果。"持续地""取得积极成果"很重要，偶然的表现不算是优势。

才干/天赋（Talent）：自然而然反复出现的思维模式、感受或行为。可以简单理解为才干/天赋是下意识使用的。

优势是在特定才干/天赋领域，投入时间、精力、知识技能、金钱等才能形成的。

优势公式：优势 = 才干/天赋 × 投入

发掘优势、找到才干是第一步。找才干最方便的方法是采用科学的测评，国际上流行的测试有四种：盖洛普优势测评，可以测出一个人的能力/才干是什么；GATB 测试，美国通用的一套能力测试方法；美国职业范围测试和能力剖面测试。其中，全球知名的是盖洛普优势测评，参加该测评可获得一份 34 项才干主题报告（含前 10 项才干主题的行动建议）。经过专业人士的解读，我们可以准确了解报告中才干所表达的含义。

结合语写，我们可以不断地进行反思。思考我们的经历、动力及如何看待自己。然后，考虑才干是如何塑造我们的，包括所做的事情、如何做的及为什么这样做。特别针对前 5 项才干每天运用、反思。通过刻意练习，获得外界的认可，将才干真正转化为优势，我们将感受到使用优势带来的高效、快感与成就。

不进行测评，我们也可以对才干进行探索。英国教育学家肯·罗宾逊在《发现你的天赋》一书中提出：发现"优势"是一件极难的事情，这个过程需要不断自我审视、自我发现，然后从蛛丝马迹中发现一些共性，最后才有可能确定自己有某方面的才干／天赋，这个过程需要长时间的探索。

优势理论的创始人、《现在，发现你的职业优势》一书的作者马库斯·白金汉，提出了一个寻找才干的 SIGN（信号）模型，我们的才干就隐藏在这些信号背后。信号如果分别满足自我效能、热爱、天赋和需求，满足需求越多，就越有机会发展成优势。我们可以将 SIGN 模型存为模板，经常向自己提问。

语写模板 5——寻找才干的 SIGN 模型：

S-Success（自我效能感／成就事件），问自己：

（1）我在做哪些事情的时候容易成功呢？

（2）我总是在哪些事情上受到赞扬呢？

（3）我有哪些成就事件呢？成就事件，就是我们自己做过的，自认为比较成功或者感觉很不错的事情。换句话说，成就事件可以是让你喜欢做这件事情时的感受，或者完成它让你感觉到自豪的事情。

I-Instinct（自动自发，迫不及待想做），问自己：

（4）有什么事情是我情不自禁地想去做的呢？

（5）有什么事情总反复吸引我呢？

（6）有什么事情是没有外力驱动、没有激励，我依然积极主动去做的呢？

G-Grow（发现自己学得很快），问自己：

（7）有什么事情是我一接触就明显比别人进步更快一些呢？

（8）做什么事情，我总是觉得很轻松、很简单？

（9）做什么事情，我很容易产生"心流"的感觉？

N-Need（事后充满满足感，过程中有一种"做这件事本身就是回报"的感觉），问自己：

（10）做完哪些事情，我总想再来一次？

（11）做完哪些事情，我很有成就感并觉得能量满满？

（12）做什么事情，我总觉得像呼吸一样自然？

语写，可以更好地帮助我们找到以上问题的答案，并用STAR行为事件描述法（语写模板6）描述成就事件或者以上SIGN模板问题中重复出现的具体事件，在细节方面尽量写详细。

语写模板6——STAR行为事件描述法（节选自古典老师的《生涯规划师》一书）：

S- Situation（情景）：当时面临什么情况？

T- Target（目标）：需要完成的任务是什么？

A-Action（行动）：你采取了哪些行动来达成目标？

R-Result（结果）：最后的结果如何？

用语写详细描述后，我们可以用古典老师的"能力三核"（语写模板7）进行分析。古典老师解释道："做成一件事的一些知识技能叫作能力，而能力可分成三个部分——知识、技能和才干。分析出不同事件中表现出的同一才干，或许就是我们的才干。"

语写模板7——能力三核模型（节选自古典老师超级个体课程以及《生涯规划师》一书）：

知识：某领域的专业知识、概念、做事情的流程；可通过学习记忆而来。如图片与文字的处理、PPT的使用方法等都属于知识。

技能：我们能熟练操作和完成的一系列动作，通过训练而来。如善用人际资源、准确有效的沟通、快速学习等都属于技能。

才干：如迎接挑战、克服压力、耐心等。

语写，可以发掘你的优势。我们用科学的测评或者SIGN模型，通过语写自由书写的方式详细描绘，效率更高，更容易找到反复出现的才干。我们再根据优势公式，即优势＝才干/天赋 × 投入，反复刻意练习及运用，最终将才干/天赋转化为真正的优势。

语写，是极限突破的模拟器

语写的过程本身，就能够让我们不断感受到突破自我的力量。

很多伙伴在一开始的时候就能做到 1 小时 1 万字的语写输出，但不一定能稳定下来，只有经过一段时间的训练之后，才能稳定达到每天 1 小时 1 万字，让语写成为日日之功。

渐渐地，优秀的语写伙伴们开始尝试每天语写 2 万字或 3 万字，语写高手们甚至开始尝试每天 42195 字的语写马拉松。慢慢地，在语写训练过程中，我们就能体验到持续稳定的 4 个原则，将语写应用成为极限突破的模拟器，不断践行、突破。

语写持续稳定的 4 原则：做到，稳定，突破边界、挑战极限，把极限变成日常。语写如此，做其他事情亦是如此。

（1）做到。 当我们需要培养一种新的能力或习惯的时候，先别想太多，让自己先做到，如语写 1 小时 1 万字、每天阅读半小时等。养成一种新习惯，最好是在早上第一时间完成。

（2）稳定。 稳定是高手的特质。做到并不难，难的是持续和稳定。要做到在不影响正常工作和生活的情况下每天语写 1 万字，还是需要付出努力的。做到每天 1 小时 1 万字的稳定语写输出背后，需要经过一系列的调整。如果要给稳定确定一个标准，理想的状态是能够让所做的事情如呼吸般自然，不用"坚持"，也就能轻松、自然、稳定地做到。

我们可以把做到的事情达到一个阶段的稳定，当阶段的稳定达到一定程度之后，再去完成下一个阶段的稳定，让自己循序渐进地稳定提升。

（3）突破边界，挑战极限。 在语写过程中，我们可以不断地感知能力，突破边界。

语写中的顶级高手，如胡奎、小奇、小饼干、清茶等，在不断地探索语写能力的天花板。他们用实际数据告诉我们：我们的能力是可以做到不断稳步提升的。截至 2023 年 2 月 28 日：

胡奎，已语写输出 7000 多万字，是目前语写字数最高保持者；最高语写速度保持者，520 字 / 分钟；连续每天语写 10 万字以上，持续 216 天。

小奇，已经语写输出 7000 万字，每天语写 4～5 小时，每天语写 6 万~7 万字，每个阶段增加 5000 字，稳定之后再增加……

小饼干，连续 271 天每天语写 10 万字，创造了语写的纪录，每天语写 10 万字。

清茶，1 天语写 40 万字的纪录保持者。

这就是不断突破边界，挑战极限的一些典范。这些数字说明我们可以在稳定的状态下，逐步地找到自己的边界，突破边界，突破极限。

（4）把极限变成日常。偶尔一次做到，考验的是做事情的方法；把极限变成日常，除了方法，更多的是考验时间结构的管理能力。

语写 + 时间记录，是持续突破、把极限变成日常的好搭档。用语写不断突破，用时间记录及分析，不断感知能力，提升效率。

在顶级语写高手的示范和分享下，我们也可以从中悟出一些底层方法。

（1）时间是最好的标尺。以时间为标尺，更容易控制；用数量来衡量，容易增加时间，耽误其他事情。用时间来衡量，一切更清晰。我们只需把所需的时间安排出来，保持专注即可。

（2）时间不够用时做减法。时间不够，要做减法。在保证留够极限挑战的时间前提下，我们还要做到把每一个日常事务安排好。做减法时，睡眠时间是最不能挤占的。睡眠不够，不仅专注力、思考力都会下降，效率会降低，还会影响健康。

语写，是极限突破的模拟器。 在语写中，坚持持续稳定的 4 原则，4 原则可以迁移到我们生活和事业的方方面面，帮助我们精进能力、获取成功。

语写，是梦想的触发器

剑飞老师在《语音写作》一书中提道：

> 5 年的路，如果用 1 个月左右的时间来进行清晰地描述是最好的，同时可以用同样的方法规划未来 50 年的路。

语写，陪你创造未来。 剑飞老师开设了一门关于人生规划的课程。在课程上，他指导我们语写出从目前到 100 岁时的每年过生日的场景，用已经发生的完成时去书写自己想要的未来，为每年生日语写 1000 字以上。

我们可以用语写尽可能清晰地描绘出从工作事业、个人成长、家庭生活、身心健康、休闲娱乐、朋友社交、自我实现、财务状况等方方面面的具体情境；用语写明确每年的重点事件，以及每年、每 5 年、每 10 年、每 30 年、每 50 年的阶段目标。当这些都完成时，我们会发现整个人生蓝图变清晰了。

当我们把期待的事业、生活以文字的形式展现出来的时候，可能会出现不同的版本。没有关系，把所有版本都列出来，我们会乐此不疲。我们会逐渐看见最想要的那个版本。另外，不要让我们的认知及视野限制了想象，多看书，多力所能及地体验不同的生活，每年都更新一版人生蓝图。

语写，是梦想的触发器。用语写书写人生蓝图时，我们很容易发现，里面的某些事情是我们频繁提及的。种一棵树最好的时间是十年前，其次是现在。一定要做的事情，再早准备也不为过。清晰的梦想能让我们积极行动，在围绕着长远的目标持续行动时，语写促使我们用现在的资源去创造想要的未来。

语写，是成长的推进器

语写，已不仅仅是语写，它更是一个体系。通过刻意练习、用好语写，它将赋予我们更多的底层能力，伴我们成长。

把语写在个人成长上的应用迁移到生活和事业的方方面面，它将让我们有勇气面对各种人生课题，收获幸福且有成效的人生。

剑飞老师说："语写，最大的功能是创造。"本篇虽提供了一些方法及工具，但这也只是九牛一毛。语写是一种自由书写，更多的功能等着我们去发现和创造。

语写，是成长的推进器。 愿更多人加入语写，应用语写，推进成长，并用行动和成长影响及推进更多人成长。

信息化浪潮下的个体升级之路

明韬

作者介绍

BI（商务智能）资深顾问，18 年 IT 从业经验，手机行业资深开发者，语写达人，自 2019 年 1 月 23 日开始语写，截至 2022 年 2 月底，累计完成 2400 万字。时间记录践行者，个人成长探索与爱好者，"明韬语记"公众号主理人。

孔子说，朝闻道，夕死可矣。

在社会各行业转型日益剧烈的当下，职业的选择与转型几乎影响着每个家庭，而信息化的快速发展，传媒和知识付费大行其道又给了普通人更多的选择与机会。焦虑和困惑随之而来。

每当遇到这样的情境，看不清方向时，我总是用下面的话提醒自己。

这世上有一种行为不可能失败，那就是永远把注意力放在自身的成长上。

有人说，人什么时候觉醒都不晚。觉醒有时是因为一件事情，比如家庭的变故；有时是因为一个人，比如老师的点拨。这里我想说的是，如果你跌跌撞撞、一路前行却收效甚微，很可能是因为缺乏一个合适的工具导引。

这个工具可称之为思维的"利器"，对我来说就是语写，说工具是就实践层面而言的，而它背后所支撑的系统与理念，是我在个体成长路径上寻找多年的一个答案。

自我升级之路探索

技术从业者的困惑

作为在手机行业多家外企工作过的我，曾经一度过着被称为城市中产阶级的生活。我出身普通，通过读书改变阶层，靠技术手艺吃饭。IT从业人员的高收入是很多人羡慕的，但这个行业收入起点高，"天花板"见顶也快。而且身处其中的人们心中始终有一个阴霾：单靠技术到底能干多久？大企业不仅技术分工细密，流程烦琐，而且行业竞争激烈，技术更新换代频繁。身在其中，一不小心就可能变成随时可被替换的"鸡肋"。

全域能力是专业升级的标配

35岁被认为是人生的分水岭，转行管理、独自创业、走专家路线是三个可能选项。对普通人来说，走专家路线是最可行的路径。而要走这条路径，全域能力，从设计到执行，掌握一个行业的上下游是标配。就我曾从事的手机行业为例，上下游环节太多，需要几十甚至上百人的协作，想要单纯靠个人去独立完成全域能力的积累对许多人来说并不现实。

2012年，我转行开始进入数据仓库行业。作为咨询类的工作，你有很大的机会能够看到全貌，尽管同样是做技术，你可以独立搞定事情。2012年到2014年，我聚焦在前端数据展现，2015年，我又接着去做后端的数据加工处理，2018年在数字仓库深耕6年后，我开始将重心从技术转向业务，打通了前端和后端，获取了从需求调研、蓝图设计、开发实施到最终测试交付的能力。这种积累并不容易，但让我看到了自我掌控生活的希望。

专业立身，认知立心

当我们对自己所从事的工作的前途产生疑问的时候，我们对生活的把控和工作的热情也开始消退。这其实是工业化时代以来，物质和知识对人的异化。

要乐业，就需要安心，如同专业领域的全域能力一样，我们对生活也需要一种全方位的驾驭能力。在业余时间拓展其他技能，是一种必然的选项。2012年我系统地学习了"九型人格"，2015年学习了"教练技术"，2018年学习了社群运营。2016年知识付费开始被广泛接受之后，我更是积攒了一堆的课程，英语、朋友圈建设、配音、理财、传统文化等，不一而足。

可谓生命不息，折腾不止。相信很多人和我有着一样的经历，乃至一样的焦虑，尝试了各种与个体成长相关的不同方法与领域，但始终没有找到适合自己的落脚点。

2019年，我报名参加了语写训练营。剑飞老师说，如果一件事情不能做5年以上，那它从一开始就不值得去做！这句话点醒了我。我要为更长远的未来做准备，需要为自己所做的事情构建基本的理论根基和底层逻辑。相对于单纯掌握知识、获得财富，我其实更需要一种让自己不断面对变化的未来的能力和安心之法。

个体升级的利器——语写

这世上如果只有一条让普通人蜕变升级的通路，那一定是写作，如果要在这条路径前面加上"当下"两个字，我会推荐语写。

这是我自2004年参加工作起，兜兜转转十几年得出的结论，在遇见语写之前，我并没有意识到写作会在个人能力发展领域有如此核心的地位。在语写1年多之后，我的工作和生活越来越顺畅，我才意识到写作有如此强悍的作用。作为一个靠读书改变命运的普通人，要想完成个体的崛起，立足的基点依然是写作。

我想自己之所以从之前对纸笔以及打字无感，到逐步被语写唤醒，乐于写作，是因为语写的特性。

主动创造性极强

人的进步最主要依赖于思维的训练。现代认知科学告诉我们，人的思考能力取决于大脑沟回的深浅，而学习、工作时参与的感官数量越多，形式越丰富，对沟回的塑造就越有效。佛家说六根缘六尘，眼、耳、鼻、舌、身、意。在语写中，除了鼻根没有参与之外，眼睛、耳朵、嘴巴、身体、大脑全部参与其中，投射于人的内心。写作者在不同的场景中进行穿梭，将时空、演讲、记录、思考、创作融为一体，可以说语写的核心就是思维的训练与创造。

启动成本极低

相较于通过纸、笔和打字写作，语写可以随时随地进行，启动成本极低。只要你能说话，只要你愿意，无论何时，无论何地，想怎么写就怎么写，这是一种极大的解放，是把创作拉下"神坛"的一种革新，是另一种形式的"解放思想"，是在以有限之人生创造无限之思想。

写作容量极大

从经济学角度来说，零成本意味着产量趋近于无穷。语写的容量几乎是无上限的，这使得我们的创作空间也变得极大。爱迪生做了1万多次实验发明了电灯，而我们可以借助语写做近乎无限次的"思想实验"，描绘近乎无限次的蓝图，而且一次比一次精确，一次比一次接近实际。

可持续时间极长

语写对年龄的要求极低，小到2岁的孩童，大到100岁的老人，只要能说话，都可以进行创作，是几乎可以一生去做的事情。这让我们可以实现跨越周期的成长，在我们的价值观中，长期主义是一个极为重要的视角，从半年的时间视角去看一件事情和从10年、50年的时间视角去看是完全不同的。选择后者让我们做这件事情的收益期间极长，复利机会极大。

语写的加持功效

知识工作者必须会拿笔杆子。写作不仅是思考和创造的源头，也是用户触达的媒介，还是个人拓展影响力的"终极武器"。知识个体升级不光要增加新的能力，还要能够形成底层能力，全面提升工作能力。当你能把现有工作能力提升 3 倍、5 倍的时候，想不升级都难。

加持功效之一：厘清思路

当我想要在工作中学习新业务的时候，我用语写来厘清概念，业务流程中，每遇到一个新概念，我都在语写中对它进行梳理，问自己如下几个问题。

（1）它是什么（what）？（概念内涵，属性，分类）**体**。

（2）为什么（why）？（产生的原因，用来做什么？目的是什么？）**用**。

（3）它不是什么（what）？（举例说明，概念的外延是什么？）**体、相**。

（4）与之类似的有哪些？它们之间最大的区别是什么？**相**。

（5）发生的时间（when）？**相**。

（6）在什么样的环境、场景中使用（where）？**相**。

（7）牵涉到的人有哪些（who）？**相**。

（8）怎么样用它是对的，怎么样用它是错的（how）？**用**。

（9）使用它要牵涉到哪些方面，花费成本是多少（how much）？**用**。

这里用到了 5W2H 的分析方法和看待事物体、相、用的视角。只要你愿意，各种方法都可以在语写中展开。这些原本复杂的问题，在头脑中被不断地追问，其答案会变得越来越清晰。

财务是企业的运转核心，也是令众多技术顾问头大的领域，2019 年，我以"小白"的状态开始向财务领域进发，每天在工作之余通过语写不断地梳理概念。而今，和财务人员交流几乎没有障碍，能有这样的结果，除了项目的磨炼，语写绝对功不可没，这也让我在项目的选择面上越来越宽。

加持功效之二：激发创作力量

工作看似是一堆事务的集合，其背后却是理念，是执行，是实践。企业智慧的结晶是产品，人智慧的结晶是作品。无论你做什么，都要有自己的作品，这个作品可以是项目本身，也可以是项目的积累。我在以往的工作中也写文档，但一般只完成两个功能。

（1）记录与查询。比如在某个项目中遇到的某个典型问题比较难搞，把它解决完了之后，记录下来，便于以后查询。

（2）交付给用户的使用指南。按照给定的模板，做成需要的样子给到用户。

这样的处理其实是非常浅层的。有一定的作用，但是过于局限，限制了文档作用的发挥。

文档是思维的反映，本身有它内在的逻辑，针对不同的对象，在项目开发的不同阶段，既要考虑不同人员关注和需要什么，又要反映项目工程上问题解决的基本路径、项目建设的基本框架与底层逻辑。

在实际的项目中，顾问们时而对接手的项目文档资料缺乏感到无奈，时而因项目方要求的形式主义的文档觉得浪费时间。文档流于形式，陈旧无用，不规范成为常态。

2020年12月，在用语写梳理完项目开发的基本思路后，我突然意识到可以用这一套体系来进行项目文档的组织、创作。我把文档创作分成五个部分。

（1）项目总体说明。

（2）输入、输出清单。

（3）业务框架。

（4）开发数据流框架。

（5）自动化流程。

表达形式分别用清单、数据流图、流程图的方式进行。这样一来所有的项目调研开发都可以用这样的方式去进行，后续的运维人员也可以很清晰地掌握住项目总体的脉络。而当我用这一套文档进行项目交接时，原本两周的交接内容两天就可以完成。

要把文档的书写当作一个创作的过程，把项目的开发当作一个创作的过程，视角改变了，世界就会跟着变化。

加持功效之三：建立思维模型

语写是在与自我沟通，是一个向内求的过程。费曼学习法是学习方法中顶级的学习方法之一，如果你在应用这种学习方法时将它和语写结合起来，你一定会惊讶于自己看清本质的速度，原本再复杂的对象在你一个个问题的追问下也会原形毕露。其基本的原理是，如果你能用嘴巴说清楚，你的大脑也一定是清楚的。**如果框架说得清楚，你就可以拿去同领导、用户吹牛；如果细节说得清楚，你就可以下场解决问题；如果框架和细节说得都清楚，你就是真正的专家**。在练习语写的过程中，我终于体会到这个世界为什么离不开文科生，不光是因为他们会谈愿景目标，还因为他们会用对方听得懂的语言把专业上的事情说清楚，他们可以说是语言的翻译。从某种程度上说，语言是思维的载体，甚至就是思维本身，理科思维的底层都是要依赖于文科思维的。

在语写的过程中，我曾经自发构建了一个"世界的模型"，你在研究任何一个对象、一个系统、一个领域的时候都可以去套用，去追问，几个问题下来，基本上会有一个不差的认识。这个"世界的模型"大概包含要素、结构（层次、分类）、关系、步骤、场景、作用、周期这么几点。

比如了解公司新业务，一定要知道这项业务牵涉到哪几个要素（生产，销售，用户，后勤），每一个要素又由哪些子要素构成（层次，分类），他们彼此之间的关系是怎样的（销售拓展客户，下单给生产部门，后勤负责装运），每一个业务包含哪些场景（用户拜访，下单，产品入库，发运），执行包含哪些步骤，什么时候业务结束（周期）。又比如学习会计，先问自己学习会计包含哪些内容（财务会计，管理会计），财务的要素构成是什么（资产，负债，所有者权益，收入，利润，费用）。任何一个系统、对象都可以这样拆分着问下去，无非是要素、要素之间的关系、发生作用，发生作用一定是在某个场景下发生的作用（空间），遵循一定的步骤，这种作用可能反复发生（周期），也一定有结束的时候（时间）。

这个模型还有一个容易记忆的版本（人物、关系、舞台、幕布、故事），想象一下舞台上先后登场的各色演员，彼此之间有着错综复杂的关系，演绎着一幕幕相似而不同的故事。

这个模型可能粗陋，也很可能早就有人研究过了，在许多"大神"面前不值一提，但这并不妨碍我们进行类似的自说自话的创造。语写本身触碰的是你的思维底层，正是这样的一次次把玩、梳理，我们才能不断地向前，感受到这个世界的美好，探索创造的美妙。

加持功效之四：觉知和安心

在现代社会中，个体是极其渺小的，而单纯的物质满足和知识追求都无法填补人们内心的匮乏感。唯有把握自身命运，在记录中、在创造和觉知中才能拥有真正的幸福感。

语写是向内探索的，所以首先是一个自我连接、自我觉知的过程。语写又是向外表达的，所以必然会和他人进行连接、沟通，得到反馈。

前两天儿子兴奋地和我说，他期末考试得了两个 100 分，还兴冲冲地问我考试有没有考过两个 100 分。我意识到这是一个增进彼此感情的好机会，便把儿时的一段经历告诉了他，小学时，同桌一天突然郑重其事地要和我打赌，如果他的期中考试成绩高，我就随他姓，否则他就随我姓。卷子发下来后，他颇为得意地拿着一张 100 分、一张 99 分的考卷走到我的面前，我一边用眼睛扫着他的卷子，一边接过学习委员递过来的考卷，一张是 100 分，另一张还是 100 分，我永远都记得同桌脸上表情的变化。儿子听完我的讲述，笑得前仰后合。随后我告诉他自己并没有因此嘲笑同学，还提起我的老师曾说的一句话："如果这就是你一辈子的巅峰时刻，那你就'完蛋'了！"人生最可怕的事情是你不再进步，无论怎么做都是原地打转。

令我意外的是我的孩子非常喜欢这句话，他还特意把这句话写在小纸条上，贴在门上。语写经常会记录生活中的这些细节，也让我对生命有了更多的觉知和感悟。

语写会不断地提醒我记录个人纪录并创造新的纪录。如个人语写的总字数目前是 2400 万字，个人最快的写作速度是 355 字 / 分钟，单次最高的写作字数是 14 万字，个人最早的语写时间是早上 5 点 21 分，个人连续完成俯卧撑最多 210 个、蹲起最多 1000 个等。我还会特意去关注自己的日常行为所花费的时间，如个人吃饭的时间是 20 分钟，下公交车后步行到单位的时间是 8 分钟。当有误差时，我会留意统计的起始点以及其他的影响因素。

在和孩子交流时，我也会刻意地去培养他的记录习惯，比如写成功日记，2022 年的 1 月 21 日，坤坤（我的孩子）练习魔方，成功做到两分钟解三阶魔方；2022 年 4 月 25 日，坤坤携棍空翻完成，带刀空翻接近完成。这些内容的记录可以用报事贴做到，也可以在语写中回忆、提起。这些或许在当时只是微不足道的一点小事，但事后看来却是无比珍贵的记录。这种记录习惯能唤起我们对生命的觉察。而这种觉察一方面提醒我们继续去做事；另一方面它就是生命的意义本身，想起它，就会体会到生命的美好。

语写是新时代的生产利器

提升知识生产力的有效工具

每个时代都有提升生产力的工具，信息时代更是如此。

人类历史上推动文明进程的不仅有物质生产工具的进步，更有精神文明生产工具的贡献，如文字的发明、笔的诞生、造纸术、活字印刷术、打印机、计算机、汉字激光照排、中文输入法等。

21 世纪被誉为人工智能的世纪，语音识别是 AI 入门的前置条件。2010 年，讯飞语音输入法发布；2012 年，剑飞老师正式进入语写领域；2021 年，语写 App 诞生；到 2022 年，语写依然是一个小众产品，但已经积聚了一群优秀的人，累计写作超百亿字。

"星星之火"必燎原。精神领域的创造才是人类向着更高生命维度的标志，是生命个体解放和提升的最有力的武器，从这个意义上说，语写，意义重大。

或许多年以后，人们会说，语写极大地推动了个体知识的生产，2022年是真正意义上的语写"元年"。

让人成为工具的主人

从某种程度上说，我们都是被外界"喂养"大的，这个过程不仅是物质上的，也是精神上的。

我们生活在一个被工具分裂和占有的时代。人要成为工具的主人，而不是工具的"奴隶"。

主动创造是防止异化的有效途径，一切的商业都在满足人的需求，好的商业是构建平台用内容制造商去满足用户的需求，而语写是在满足人类自我实现，自我创造的需求。

在一切的发明中，提高效率的发明最有价值；在所有生产工具中，精神创造的工具影响最大。从这个意义上说，语写App的潜在价值要远超一般应用软件，它可能会变得普及、普通，但意义深远，犹如纸和笔的存在。

语写是帮助自我觉醒的底层原理

人不可能做到意识之外的事情

如果想要达成一件事，首先要让这件事不断地在脑海中出现。很多时候我们没有做成这件事只有两个原因。

（1）不知道。

（2）忘记了。

语写可以让你最大限度地激活自己大脑的意识与潜意识，充分挖掘和创造各种可能性。每天语写的过程中，人的大脑就像一个热火朝天的工地，又如一片生机勃勃的森林，唇齿交错之际，电光火石之间，想好的，没想好的，过去的，现在的，各类想法如砖块一样被找到，或填充或粉碎，如种子一样被埋下，或生长或腐烂。重要的是它们会以极低的成本被发现，被记录，被呈现，被觉察。这些是你创造和进步的源头。

塑造意识与信念

所谓的信念也就是我们的潜意识，是可以被塑造的，只需要不断重复，足够多的重复即可形成，因为潜意识是模糊的，它不会判断是非对错，只会全盘接受，比如，你想赚足够多的钱，就去想象自己在拥有很多钱时的状态，去想象赚钱的步骤；你想成为什么样的人，就在脑海中不断地去想象他的样子，包括谈吐、行为。描述越具体，潜意识就越会认为是真实的。

这个理念并不是语写的发明，你会发现历史上几乎所有伟大的人物都有这样的能力，他们都有着坚定的意志和信念，善于用语言去激励他人，鼓舞士气，建立信心。有些人天生具备，更多的人靠长期磨炼去习得。很多人欣赏孙正义、马云、乔布斯的执着疯狂，"虽万人吾往矣"的演讲能力，但是你知道他们平常练习的样子吗？你知道他们在事情没有做成之前，脑子里是如何一步步勾勒出未来的样子的吗？

我们无法断言具体的每个人是怎么做的，但大道至简，殊途同归，思维的能力和信念的构成一定是千锤百炼、刻意练习的结果。

语写是运用科技的力量和极低的成本把事情变得简单。把这些原先只有少数人自发去做的事情简单化、常态化，只要你愿意，随时随地启动就可以达成对自己的塑造。这是多么令人鼓舞的事情！这种塑造一开始未必多么宏大，但一定是长期的，是坚实而有力的！

减少生活的随机与混乱状态

熵增定律

爱因斯坦说，你可以不懂相对论，可以不懂牛顿力学，但是你不能不懂热力学第二定律，也就是熵增定律。如果这世界上有一个物理学定律对人的影响最大，那一定是熵增定律。说实话，之前我从没想过这个定律可以同语写有关，这个念头在语写过程中出现的时候，我自己都被吓了一跳，它就这样突然硬生生闯进了我的大脑，这太棒了，我要把它记下来！

熵的本质是一个数值，这个数值跟物体或系统可能的状态数成正比，我们可以简单地说熵代表的是一个系统的混乱程度。设想一下一阵风吹过树叶，落地后的叶子更可能是散落无序的还是有序的？很显然散落无序是常态。

理解了这一点，我们就会发现混乱才是常态，而有序是需要刻意营造的，如果你想人生有所改变，就必须时刻去注意避免我们在思想上和行为上的混乱状态。

麦克斯韦思想实验

设想有这么一个容器，分成左边和右边，容器里面有空气分子，开始的时候，分子全部集中在左边，随着时间的推移，分子会逐渐平均化，左边的分子会逐渐移到右边，这个时候系统的熵是变大了还是变小了？熵跟状态数成正比，后一种情况状态数更多，所以熵是增加的，系统就会变得越来越无序，越来越混乱。

同时我们也发现，人类社会在许多方面是越来越有序的。这就得提到著名的麦克斯韦思想实验，麦克斯韦在封闭的容器中放进去一个小人，这个小人只做一件事情，判断。如果分子从左边往右边走就不让通过，但如果分子从右边往左边走就可以通过。只要这个小人一直在工作，随着时间的推移，分子就会慢慢地全部集中到一边去，右边的分子全部跑到左边来，于是就完成了熵减。

这个实验蕴含着一个重要的原理，做什么事情可以让一个系统自动、自发变得更加有序？如果解答了这个问题，我们就找到了让世界和我们自身变得越来越好的密码。事实上，这个小人一直在做两件事情，感知和选择。而只要他能够持续做好这两件事情，那么随着时间的推移，整个系统就会变得越来越有序。

我们的大脑中每天会闪过上万个想法，这些想法就像随机运动的分子，只要我们像麦克斯韦一样，在自己的头脑中放一个小人，负责判断我们的念头是什么，我们是继续想它，还是把它废弃。只要我们经常这么做，就可以使我们的大脑变得越来越有序。

发现了吗？语写就是这个小人的角色！语写的记录功能就是在帮助我们感知。不断梳理记录就是在帮助我们形成选择的基础，而运用大脑思维的随机性进行可能性地列示，进行明确和选择，就是在进行有序创造！

语写的最大功能是创造

在生活中，人的思维是随机的，人的行为也是随机的，在我浅显的认识中，剑飞产品家族中语写与时间记录正是降服这两种随机性的两大"利器"。

觉醒不仅是一种认知，还伴随着踏实落地的行动。语写最重要的基本功能是先接纳人思维的随机性，进而减少随机性带来的不良影响，指向明确的可确定性的未来，或者说它就是要去塑造确定性的未来本身。

你发现没有,"思想实验"这件事情恰恰就是语写最擅长的事情,语写也用这种方式证明了自己的有效性,这是一件多么有趣的事!

没有什么比找到生活的底层原理更令人开心的了,如果有,那就是把这种原理应用到生活中去,用它来改变自己的人生。语写本身是一种实践,弄明白它背后的原理是为了更好地做事和前行。最后,我把剑飞老师的一句话分享给大家:

语写最大的功能是创造!

连续语写 10 万字，语写不止于语写

小饼干

作者介绍

在上海工作的内蒙古人，先后从事过零售行业门店管理、软件行业培训管理工作，现为"语写21天实践营"指导老师、个人成长教练。2021年开启间隔年，创建公众号"小饼干的小世界"；2019年12月30日开始语写练习，截至2022年12月31日，总计语写3800余万字，连续271天语写10万字。

2022年4月，我在上海，当这个城市被按下"暂停键"时，我开始连续语写10万字，给语写挑战之旅按下"开始键"，也给我的人生按下"重启键"。

语写1万字到10万字，用语写破解焦虑

我从2019年12月30日开始语写，到2022年12月31日，我的语写总量已达3800万字，连续405天每天语写1万字，连续271天每天语写10万字。其中，大部分数据是在2022年完成的，2020—2021年，每天语写1万字对我来说特别难。

每天语写1万字本身不难，难的是语写之外的东西，比如，每天语写1万字有什么意义？

2020—2021年，我一边语写，一边纠结语写的意义，一旦开始纠结语写的意义，便中断不写。那时我还不知道，不肯在一件事情上花时间，便不会知道这件事的意义。正如我在没有语写的日子里，一直没有找到语写的意义。

而找不到意义还没有放弃的原因是我心里有个微弱的声音：

这一次还要像过去所有的事情一样，做不下去就要放弃吗？

回想过去十年，我做的事情都是做一段时间就不再做了，回看时不免觉得可惜。

张潇雨在微博上提到："想了想这些年来我做过的最浪费时间的事，第13件事是在坚持下去都能成功的几个计划里来回切换。"我深以为然，是时候让自己做出改变了。

2021年11月22日，我开始连续每天语写1万字，截至2023年1月未曾间断，并且语写1万字22天时开始语写3万字，连续111天语写3万字后，开启语写10万字。

2022年3月底开始，身在上海的我无法出门，每天看着增长的数字和各种新闻，内心的不安和焦虑在无限放大。我尝试多种方式让自己远离信息，如追剧、刷短视频等，但都不见成效，因为信息总在吸引着我，焦虑感挥散不去。

直到2022年4月2日，我看到语写伙伴清茶姐姐一天语写40万字，我才想到我怎么忘了语写这个好工具。第二天中午，当我看到清茶姐姐又语写了10万字时，我下定决心，把语写这个好工具用起来。2022年4月3日，我开始连续每天语写10万字。

语写10万字需要花5小时，每天用5小时语写，让我和信息隔离，而且我大量记录我的想法、情绪，我的不安和焦虑情绪也得以释放，我的心态开始恢复。虽然环境没有办法改变，但我可以改变自己看待环境的方式。

每天语写10万字，从个人历史写起

在连续语写10万字之后，我经常被问到的问题是：每天语写10万字都在写什么？我想，想要挑战的朋友们问这个问题时，真正想问的是："连续每天语写10万字，需要提前准备主题吗？"

在《语音写作》一书中，提到"语写需要提前规划主题吗"这个问题，剑飞老师回答：

> 语写的主题，我很少提前规划。语写本身是创造，自由才能创造。如果提前规划好，得到的就是你规划的那个结果，

当然提前规划也是不错的，但如果不规划，他可能会有意想不到的结果，会有很多惊喜。

同理，我对"连续每天语写 10 万字需要提前准备主题吗"的回答是：

如果偶尔挑战 10 万字，可以给自己准备一些备用主题。连续挑战每天语写 10 万字，我根本来不及准备主题，每天打开语写 App 想到什么写什么。无话可写时把无话可写本身记录下来，记得多了，无话可写的单次时长也会变短。

话虽这么说，我还是总结了一些语写 10 万字时会用到的主题。

按部就班的日常主题

分析时间

时间记录是剑飞老师的另一个产品，每天将时间使用记录在时间统计 App 中，用数据反映行为，同时通过行为改变数据。

我也是时间记录的践行者，当每天语写时我都会分析我的时间记录数据：对前一天的时间记录做纵向分析，前一天怎样使用时间，和预期的差别在哪里，哪些时间需要调整；对前几天的时间记录做横向分析，前几天提到的要调整的时间，我是否进行了调整，我是怎样做到的，我为什么没有做到，我要如何行动；还有周度时间记录分析，月度时间记录分析等。

为什么要在语写中分析时间呢？用嘴巴说出来，我们才会真正重视这件事情，并且能产生更多的思考。嘴巴讲出来和光看数据在大脑中模拟是不一样的，因为大脑本身记不住此刻的想法，嘴巴说完后，潜意识会记住下一步行动，并且驱使你在未来的某一天做到。

复盘反思

复盘前一天做了什么，复盘今天已经发生的事情，复盘自己的状态，万物皆可盘。在语写中复盘，可以将一件事情复盘得清清楚楚，因为语写效率高。而且长期语写后，我更能捕捉脑海中一闪而过的念头，而这些念头很可能是下一次做事情的财富。

复盘反思在我每天语写10万字中不可少，大事小事、状态好坏都值得复盘。除了近两天的事情，还可以延展到过去，将不同时间段的事情结合在一起，收获会更多；也可以从近期的状态复盘中预期未来的状态，从现在看向未来。

情绪记录

记录情绪，写情绪日记，了解自己的情绪走向，记录并分析波动，做好预案，争取下一次情绪"重启"时可以坦然面对，或者构建一个全新的情绪，因为情绪是我们自行构建的世界。可以分析情绪下产生的行为，如果要改变行为，要怎样做，提前做好预案。

我在刚语写10万字时，大量记录了情绪，和情绪成了好朋友。产生情绪是正常的，我们可以构建新的情绪世界替代旧有的情绪世界。

意识流的随机主题

除了固定项目外，每天语写10万字中的很多主题都是随机发生的。

记录

记录生活中发生的一切事情，包括你看到的和你所亲历的。生活中的小事也是你个人历史的一部分，如果你不记录，随着时间的流逝，它们会被忘掉，像从未发生过一样。一旦被记录下来，它们的存在就像板上钉钉，你会忘，但文字不会忘。

在记录你的个人历史时，你既是亲历者，又是旁观者。在语写中记录时，你要以当事人视角记录它们；记录后，你可以是旁观者，看看这段历史，既然当局者迷，我们就可以主动选择把自己放在旁观者的位置，探寻更多可能性。换个角度看世界，世界会大不相同。

捕捉

在语写中，我们建立了嘴巴和大脑的通道，经过练习后，可以做到"想到就能说到，说到就能想到"。大脑中稍纵即逝的想法，在产生的瞬间便会被我们记录下来。当时记录下来的想法看起来是无用的，但这些想法也许会对未来产生重大影响，我们不记录就感知不到这个变化。

我们在写下来的同时还可以不断联想和发散，围观这些"调皮"的想法们在做什么，它们是怎样一个又一个地结合在一起的，结合在一起后又是怎么影响自己的。事先知道这些想法们是如何发挥作用的，当它们再次蜂拥而至时，我们便有方法应对。

思考

我会把一些生活中发生的看起来很平淡、无足轻重的内容说出来，当无话可说时，它们会促使我深度思考，让我不自觉地对正在表达的内容开启深层次思考。

我们不是想清楚了事情才在语写中说，而是通过语写把事情搞清楚。语写中的深度思考，可以帮助我们搞清楚我们想要搞清楚的事情。我们每天都要有思考的时间，而语写时间可以和思考时间结合在一起。

连接

将你学习、阅读到的内容、干货和金句，和你的生活连接在一起，这样它们才会变为你的东西，才会为你所用。

"学了那么多的道理，却依然过不好这一生"是因为我们学的道理没有和我们产生连接。语写中，我们可以和这些道理产生连接，甚至是深层次的连接，把它们真正地变成属于"我"的东西。我们可以任意调用那些属于"我"的东西！前提是，它们属于了"我"。

关系

语写也是处理关系的好方式。在语写中，可以处理自己与自己的关系，也可以处理自己和家人、朋友的关系。这也是很多朋友语写了之后，和身边人的关系越来越好的原因。

无论是幸福甜蜜，还是冲突意外，全写下来，一边写一边分析，做得好的部分可以复用，需要改善的部分找到行动方案，一点点行动，一点点改进。在生活中，有些话我们只想说给自己听。在语写中我们可以随意自我对话，把最想说的话说给自己听，这也是一种自我疗愈的方式。

问题

我们每天都会遇到问题，在语写中提倡带着解决方案看待问题，而非带着问题看待问题。如果带着问题看待问题，问题全部是问题，一个问题可以滋生无数问题，而带着解决方案看待问题，问题会被逐一击破。

问题可大可小，带着解决方案看待问题时，就从向外求变成了向内看的状态。自己的问题只能自己解决，你可以寻求帮助，但最终整合解决方案的还是你。在语写中分析各种可能性，得出最终的解决方案。经过自己思考的解决方案，你会更加愿意接受并行动，更能成功。

语写 10 万字的秘诀放送

连续 271 天语写 10 万字，我发现了语写的秘诀：放下评判。语写是一场即兴游戏，在即兴的世界中，请说 YES(是)，把想说的内容全部说出来。

不要对自己有任何评判，你想到的任何事情都可以记录下来，这是非常重要的。如果你只想说出你认为重要的事情，就会被思维欺骗。目前你认为没有用的东西，它并不是真的没用，而是在你现有认知下被认为无用。

如何不被思维欺骗呢？你可以做一场对抗游戏——那些你越觉得不应该记录下来的内容，你越要把它们记录下来。即使这些东西鸡毛蒜皮，你也把它们记录下来，无论对错，只问数据，先把字数写够。

真正的评判，留给未来，留给 30 年、50 年后的你。请相信到时候你会觉得这些记录弥足珍贵。

连续语写 10 万字，构建万能"武器库"

连续 271 天语写 10 万字，一定会遇到困难，但每战胜一个困难，我们便为"武器库"添置一把新"武器"。这些"武器"不仅在语写中可以用，也可以用在其他事情中，技能可以无限迁移。

无准备，也可以开始

困难之处： 间断性地不想开始写，拖到不得不写才开始，熬夜语写产生内耗。

困难难度： 2 颗星。

干扰指数： 3 颗星。

一旦定下来要连续每天语写 10 万字，其他字数也同理，我们要做的事情是，坚信自己能做到这件事，无论今天主观上多么不想做这件事，我们都要相信自己能完成，并且开始做，毕竟坚定的信念是达成目标的有力保障。

不想开始写就是开始写的最好时候，越是不想开始、越是想要等待时，越要开始。不等准备好了就做，在做的过程中自然就做到了，这是我每天语写 10 万字的体会。

虽然我深知自己的语写是没有主题的，但开始也有不容易的时候。因为我明确自己 5 小时完成 10 万字，所以我最晚开始语写的时间是下午 5 点。总有一些日子，我会一直拖到不得不语写时才开始，甚至因为一些突发的事情，不得不熬夜完成 10 万字。完成时内耗极其严重，但好消息是，我撑不过 3 天便会有意识调整行为，更早地开始语写，体验晚上无事一身轻的感觉。

如何攻破长期不想开始写的困难呢？答案是不断告诉自己无准备也可以开始语写。我们习惯于准备好了才开始做事，但语写是一件让我们练习无准备也可以开始的事情。

每天在语写中练习打一场无准备的仗，也是在培养自己无准备也可以开始做事的能力。长此以往，面对突然到来的机会，我们也会有勇气抓住它，并且搞定它。

语写是自由的，万物皆可写

困难之处： 语写中不知道写什么，想停下来，停下来要拖很久才能再次开始。

困难难度： 1 颗星。

干扰指数： 2 颗星。

语写中时常出现的状况是：我不知道接下来写什么，接下来说什么好呢？我的大脑一片空白。这都是正常现象，在语写练习的各阶段我们都会出现这样的状况。面对这样的状况，万万不可选的方式是停下来。千万不要停，保持语写的状态，一直写。就像自由书写中强调，想不到接下来写什么时，把你不知道写什么的状态一起写在纸上。语写也是这样。

对我来说，我最长的不知道语写什么的时间段，长达 5 分钟。

182　语写高手：实践证明存在

5 分钟内，我一直在不断地重复"我不知道写什么，怎么回事，我不知道写什么"。我当时深陷不知道写什么的旋涡不能自拔，直到我的朋友和我说，不知道写什么，干会儿别的也行。我突然有一种从虚幻被拉回现实的感觉，超级惊喜，因为我有话题可写了。

语写是自由的，你可以在自由的语写世界中写任何东西，包括说"不知道写什么"也可以。毕竟，大作家写不出文章时也得坐在书桌前不断地努力，我们仅仅是练习者，怎么能轻易停下？

当足够自由时，你才能在语写中挖掘出大脑的冰山下的宝藏。而未曾挖掘出前，你甚至都会忘记原来自己还有这些宝藏。语写中的惊喜，大多来源于你挖掘出了那些你不知道自己已经有的宝藏。当你不知道写什么时，是让理智下线、获取自由、挖掘宝藏的最好时机。继续写，开始收获一份份惊喜。

每天在语写中练习不想写但不放弃，不知道写什么也尝试写的技能，在不想做其他事情时，也能有所迁移，如再多做 5 分钟，不知道怎么做先摸索摸索。方法是做出来的，不是想出来的。

语写的意义，就是语写本身

困难之处： 每天语写 10 万字，依然每日碎碎念，没有什么变化，每天花这么多时间语写有什么意义。

困难难度： 2 颗星。

干扰指数： 4 颗星。

2020—2021 年，困扰我语写意义的问题，在我每天语写 10 万字的过程中也出现了。这一次我没有停下来，而是在写的过程中找寻意义，躬身入局才能搞清楚。

说到意义，大多数情况下，我们会问一件有用但用处还没有体现的事情的意义，却未曾问自己做那些无意义的事情的意义在哪里。

我们会问写下不知道写什么的过渡内容有什么意义，即使它只有 1 分钟，但未曾问漫无目的地解锁手机有什么意义；我们会问每天花这么多时间语写但没有带来变化的意义，却未曾问每天刷短视频或者追剧的意义。

我们问每天语写有什么意义，只是因为我们在乎付出后没有得到什么，而没有看到已经获得了什么。当我们在语写中开始探寻意义时，目光自然会迁移到我们已经收获的内容，在语写中写下来的复盘、分析、思考、灵感、创造等都有意义，而这些仅仅是语写的一小部分意义。

语写锻炼的技能，不仅包括表达能力、写作能力，还包括思维能力、思考能力、专注力、行动力、作品力、数据力、持续力、自我接纳力等能力。只做语写这一件事情，同时锻炼这么多能力，语写本身就是意义。

并不是有确切的结果，比如变现，才是意义。意义是由我们赋予的，尽情地享受做这件事的过程，过程就是意义。有些结果现在得不到，在未来会自然产生。

健康第一，感觉疲劳前先休息

困难之处： 因为太累、太困，写不动；嗓子不舒服，写不了。

困难难度： 5 颗星。

干扰指数： 5 颗星。

这个困难的难度最大，干扰指数也最高。尤其是嗓子不舒服，对于语写来说就是致命伤。怎样预防呢？

首先，感觉疲劳时先休息，如果现在累了、困了需要休息，先睡 10 分钟，10 分钟足够恢复精力，你也可以选择冥想等适合自己恢复精力的方式。一段时间后，你找到了疲劳的规律，就可以在感到疲劳之前先休息，让身体保持在精力基础线之上。

还有一点，注意身体健康，身体是语写的本钱。盛夏注意防暑，寒冬注意保暖，有意识地多喝水，保护嗓子。语写时，用腹式发声而非直接用喉咙发声，具体表现为语写时感觉到腹部用力，这也是我连续 271 天语写 10 万字嗓子不疲惫的原因之一。

身体健康是做一切事情的本钱，注重身体健康，不仅仅是语写，生活中的方方面面都会受益。

没时间，是最容易击破的谎言

困难之处： 我太忙了，没时间语写。

困难难度： 3 颗星。

干扰指数： 3 颗星。

2022 年 6 月，我终于可以走出家门，各种事情蜂拥而至。因为我还想连续语写 10 万字，所以我分析时间的可能性，用一切可以利用的时间来语写，主动使用时间，提高时间的利用率。如果是在 2020—2021 年，我大概早就撂挑子不干了，那么多事儿要忙呢。但在 2022 年开始连续语写 10 万字后，我发现曾经以为的没时间是最容易击破的谎言。

2022 年 3 月之前，我在户外语写的比例不足 1%，因为我总担心周围人听到我在说什么。2022 年 6 月，我在出租车上"肆无忌惮"地语写，一点都不在乎司机如何考虑，因为我要抓住一切可以语写的时间。

我们说的没时间，是指没有时间做这件事，因为时间都用来做其他的事情了。如果当前没时间做的事情是必须要做的，我们一定可以在其他事情上找到时间。时间是守恒的，减掉不重要的事情，语写这件事自然就可以完成。

当再用"我没时间"这个理由搪塞时，我会条件反射地和自己说，别骗人了，时间记录里绝对能找出时间。时间虽然是有限的，但能被利用的可能性是无限的。没时间是最容易击破的谎言，同时，没时间也是最好的重新审视和使用的时间。

语写不止于语写，解锁人生新礼物

除了解决困难时丰富了"武器库"的收获，我在连续 271 天语写 10 万字中，还收获了一些礼物，这些礼物对我的意义，已经超出语写本身。分享我解锁的礼物，希望带给你一些动力，解锁你的人生礼物。

语写，收获一份持续动力

我能连续每天语写 10 万字的关键是，降低期待。每天开始语写前，我都会说："今天又是美好的凑 10 万字的一天！"没错，只要凑够 10 万字就好。凑够了 10 万字就等于我接纳了自己无话可写的不知所言，接纳了自己每天的"碎碎念"，接纳了自己天马行空的想象。只要我的嘴巴没有停下来，一切皆可写。

完成比完美更重要，也是真实存在的。很多时候，我们能连续完成一件事情就已经非常厉害。就像健身，稳定完成每周 3 次训练的人数与单纯购买健身卡而未行动的相比，少得可怜。其实，都不需要每周 3 次，你能连续每周去 1 次，就已经跑赢绝大多数人了。

长期、持续做一件事情的关键是降低期待，开始做一件事时，将期待降得足够低，低到不能再低，这样能为持续行动做好保障，行动中你的能力也会逐步得到提升。我们见过太多厉害的人做事，忍不住依样画葫芦，用他们的做事标准要求自己，这份期待对于普通人来说太高，只有降低期待，才能把一件事情做得足够久。

除了语写，现在我开始做其他事情前，也会调低自己的期待，有多低呢？将最初下调后的期待结果再下调一半。这对于完美主义者而言，并不容易，但我相信这件事只要我做得足够久，我一定能达到我最初的期待。降低期待，获取持续行动的动力，能力虽然追不上期望，但它在持续提升。

语写，开启数据化的人生

语写增加数据力的表现是，当开始语写时你就知道语写会花多少时间。比如，我完成 10 万字的时间是 5 小时，那么我每天一定要预留 5 小时的时间。有了数据力，当我有了一段可使用时间时，我也能抓住这段时间语写，并且知道自己能写多少字。

在语写中培养的数据力，也能延伸到其他事情上。在开始做事前就知道要花多长时间，这样也极大提升了时间利用率。配合时间记录让人生数据化，实现高效的人生便不再是梦。

同时，每天投入 5 小时语写，治好了我不舍得花时间做事情的"病"。我之前觉得做一件事情太花时间，不舍得花时间做，即使这件事情是有价值的。因为连续每日投入 5 小时做一件事情，让我开始有意识地在其他重要的事情上多投入时间。

通过行动，我的时间数据变得好看了，通过时间投入，我取得了成果。这份收获会让我在接下来的人生中行动力满满。

语写，陪我度过黑暗时光

语写有一个作用是陪伴，对我而言，陪伴的作用在 2022 年第二季度中突显出来。在这段特殊的时期，语写每天陪我度过 5 小时，化解了我的焦虑，也让我看到了自己。

2021年，我有过一段彷徨无助的时间。这段时间的初期，我不断向外求助，希望有人告诉我答案。但自己的问题，是需要自己解决的，别人给到的答案，听起来有道理，但和我的契合度实在有限。

2022年，我加大了语写练习量，无论是第一季度的3万字，还是第二季度的10万字，我逐渐发现自己开始主动找寻答案，不再等待，因为等待解决不了问题。当我开始主动找寻答案时，即使答案还没有找到，但我也离答案越来越近，因为我一直主动找寻，找到答案只是时间问题。

在黑暗时光中，即使"阳光"较少，但有语写的陪伴，我也能发现黑暗时光中的点点微光。因为语写练习，我积极思考，同时也在提升觉察力，在黑暗时光中捕捉到微小的价值。微小价值也有价值，无数微小的价值汇聚在一起成了点点微光，点点微光汇聚在一起便带来了光亮。

人的一生必然不会一帆风顺，我相信这只是我漫长人生的一小段黑暗时光。这一段经历也告诉我，在未来的岁月中，语写会依然陪伴我，提升我的经验值。

语写虽只是日常做的事情中的一小件，但它是生命状态的缩小体现。你是怎样对待语写的，就是怎样对待生命中其他事情的。主动语写，在语写中实现长期、稳定、持续，在其他事情里，你也可以实现长期、稳定、连续，还有积极主动。

我恰巧在2022年第二季度开始语写10万字的挑战，打开了每天语写10万字的可能性，但这只是我的语写故事。

每个人都有自己的语写故事，你要描绘一个怎样的语写故事？从现在起，你可以描绘属于你的故事，遇到困难，克服困难，直到故事的呈现方式如你所愿，这可能需要很久，但不要停。如你所愿的故事总会呈现，期待你的语写故事。

四年语写如何让我发生蜕变

小奇

作者介绍

国企工作者。语写千万字达人,自 2018 年 12 月 11 日开始语写以来,已完成超过 7500 万字,日均语写 4.7 万字。时间记录践行者、爱好者。公众号"小奇之旅"主理人。

语写四年多，我的生活发生了很大的变化。四年前，我只是在一家国企工作的普通职员，生活没有太多的波动。看似平静的生活，隐藏着我对未来不确定性的担忧，还有对家庭关系的困扰。

四年后，我通过每日的语写，已经开始让自己由内而外地积蓄了更多的力量，对未来的生活建立了自己的想法，综合能力也在不断突破，家庭关系也越来越和谐。下面具体说说改变发生的过程。

语写帮我找回内在的力量

加入语写时，剑飞老师要求大家每天拿出 1 小时语写 1 万字。一开始我有些担心，怕自己写得不够好，剑飞老师说不用担心，自己的过去、现在或阅读的感受都可以写，尽管写起来。

我写的都是生活里琐碎的事，没有完全放开了写，内心多少还是有些顾虑的。剑飞老师留言说，可以放心大胆写，因为语写 App 有隐私保护政策。这时，我才敢敞开心扉，不再约束自己。

过去和现在的连接

语写前几个月，我回顾了自己的过往经历，从儿时写到 2018 年，把能想到的内容都写了一遍，后来我常常发现不知道再写些什么了。我知道越是这个时候，越要坚持下去，剑飞老师教了好多方法，比如，看到一个物品，就进行描述并联想到这个物品背后的故事或和自己有关的细节。

慢慢地，我找到了语写的感觉，不再为写不出内容而担心。语写回顾的过程，让我看到了已经被自己遗忘的过往经历，原来这些都藏在自己的潜意识中，并没有消失。我还发现，当前发生的很多事情，我所采用的解决问题的方式和过去很像，而且这些方式受到身边人的影响很大，大部分决策都是在用经验来解决问题，很少有自己的独立思考。

比如，在和家人有了不愉快的争论时，我会在语写中梳理情绪，写出整个过程发生的经过。情绪被写出来后，心态重归平稳，自然地会思考刚刚发生的一切源于什么，如果再来一次，我会如何处理。就这样，我学会了以旁观者的视角来重新审视问题，原来我是在用过去家人处理这类问题的模式在解决问题。

我看到自己只是从自己的角度出发来看待整件事情，并没有做到换位思考。有时候，我看到了问题在哪，但并不能马上给出一个更好的解决方案，不过，这反倒促使我更留意生活中的其他解决办法了。

我们的经验都来自过去，但经验是否合适、需不需做出调整是需要思考后才能做出判断的。

找到内在的自我

语写的过程中，我觉察到很多时候自己做的事情，并不是发自内心想要做的，常常会在意周围人的看法。这给自己带来了无形的压力。

回忆过往经历，我看到了儿时的一些行为模式，比如担心被家人或他人批评，会用外在的标准要求自己，好像自此内在就停止了成长。

通过语写，我看到了很多事情发生的过程，明白了对未来的焦虑源自担心外界会变，因为内在力量很弱，很难应对变化的发生。

《高效能人士的七个习惯》一书中提到，一个人的成熟会经历三个时期，即依赖期、独立期和互赖期。我才意识到，加入语写前，我处在依赖期，会更多地关注他人的想法，而不是有自己的独立思考。

值得庆幸的是，我看到了问题在哪，在语写中多鼓励自己，将注意力放在自己能做的事情上，逐渐减少对外界的依赖。

我曾看到过"内在小孩"，把心灵深处埋藏多年的思想垃圾一点点清理后，就会看到她。当时很激动，因为过去只是听说过每个人都有"内在小孩"，但我从来不知道她是怎样的状态。语写帮助我找到了她。

她看起来很弱小，可看见不就是改变的开始吗？我决心要陪她一起成长。

持续稳定

稳定的背后是信念的支持

2019 年，我参加了剑飞老师在北京举办的语写线下会，在剑飞老师的分享中，对我影响最大的是关于"稳定"的解读。稳定是高手的品质，是靠谱的体现。

剑飞老师提到了语写每日的数据，他让我们在脑海中想象，如果把每日的数据标记成一个个点，再把它们连成线，是怎样的状态。我回想自己语写前几个月的数据，发现并不是一条线，说明有断开的时候。从那时起，我告诉自己做事要保持稳定。

我开始关注自己语写的情况，努力保持稳定的状态。后面出现过几次没有达到 1 万字的时候，但稳定的信念开始逐渐发挥作用，之后一直保持在日均 1 万字以上。

成为一个真正的长期主义者

这两年，我经常听到一个词——长期主义，在很多书中也看到过对长期主义的解读和践行。把一件事情做几年和做几十年的差距是巨大的。

自从和剑飞老师学习以来，看到他从一个人摸索到带着学员一起写，把语写这件事做了近十年。不仅是语写，还有时间记录和人生规划项目都是如此。我受到了极大的影响。

我给自己的第二个信念是：在保持稳定的基础上再做得久一些。因为语写时间的长短，带来的结果会有很大的差异。剑飞老师常说的一句话是："把一件事情做到五年，才算起步。"无论做什么事，道理都是相通的。长期带来的回报虽然慢，却远远超过短期的收益。

如果仅追求短期收益，一件事只做一两年就换"赛道"，不会产生太多的成果，只是在浅尝辄止。知道长期主义的人有很多，但只有能持续做到的，才是真正的高手。我把它列为自己的行为准则，用来指导自己。

稳定的背后有方法

做任何事都会遇到问题，我们需要的是找到应对方法。想要长期稳定地语写，同样需要找到方法。

方法一：找到属于语写的固定时间。

在很多关于写作的书籍中，都提到大部分作家习惯有固定的写作时间，即使有时候在这个时间内，并不知道要写些什么。固定时间写作能养成固定的习惯，只要开始写了，文字自然会流淌出来。

语写亦是如此。最初，我的语写时间也不稳定，有时会安排早上语写，有时会安排晚上语写。但晚上状态不太好，会面临完不成的风险，因为人在劳累一天后，晚上的精力会下降，这时很容易产生动摇的念头。

我在自己的时间记录中，看到了白天的空白时间，那就是午休时间。于是，每天吃完午饭后，我就找一个适合语写的地方，开始语写。后来我的语写字数增加了，午休时间已经完全不够用，于是，我又继续挖掘时间。

剑飞老师有个原则，2小时的整块时间需要像财产一样保护起来。根据这个原则，我在自己的时间记录中，发现了一个未被自己开发的整块时间，那就是早上。

想利用好早上的时间，需要早起，而早起一定要早睡。这是一系列动作。我用了近两年的时间稳定早睡早起，现在每天早上"定投"语写7万字。

方法二：碎片化时间也有价值。

碎片化时间看似琐碎，如果有意识地利用，也能完成不少内容。想要把碎片化时间用起来，先要看到它们，如等车的时间、散步的时间、乘车的时间等，都可以尝试进行语写。

当乘车语写时，我通常会找一个周边没有人的位置坐下，用很小的声音说话，这样既不打扰他人，也能安心语写。

如果有一件十分想要完成的事，就可以在一天的时间中搜索还有哪些可以被利用的时间点。这对稳定当日的语写字数也能起到补充的作用，尤其是在语写字数增加时。

方法三：让嘴巴动起来，语速可以翻倍。

正常情况下，语写1万字需要1小时，语速约为167字/分钟。有没有可能把语速提升，让嘴巴动得快一些呢？

我们平时听的说唱就是把语速加快了很多倍的场景。还有各大平台的音频节目，如果调到二倍速或三倍速，也是快节奏的表达。

语写表达时，大脑会将信息传递给嘴巴，如果加快说话的速度，一开始会有嘴巴跟不上思维的感觉。语速加快的同时，还要保持正确率和断句稳定，这要经过一段时间的刻意训练。根据之前的语写练习记录，语速的提升是循序渐进的。

2020年5月份，我的语速是230字/分钟；2021年5月份，语速提升到330字/分钟；2022年，目前保持在420字/分钟。语速的不断加快，让语写总时间缩短，这为稳定语写也提供了有效的保证。

方法四：依托数据的反馈。

语写App于2021年正式上线，在语写App中有了数据的呈现。曾在2019年听剑飞老师提到的稳定的数据表，也已经在语写App中体现出来了。

经常查看自己的数据，会看到自己是否保持了稳定。数据存在的意义是反馈行为，然后有意识地改变自己的行为。这是语写App的亮点设计。

保持生活的平衡

除了使用各种方法稳定每天的语写外，保持生活的平衡也是"持续稳定"的关键。每天要做的事情有很多，也会有额外需要应对的突发情况。在这种状况下，要想依旧坚持每天完成语写，就需要对生活有更强的掌控感，保持生活各个方面的平衡和稳定。

时间记录将日常生活分成了七大维度，它是帮助我们分析生活状态的有力工具。透过每一天的数据，我们能看到自己在每一个维度中投入的时间占比。有些必要的维度，如阅读、陪伴家人、运动等，是要重点关注的。

如果长时间没有在这些维度投入时间，那么生活就会失衡。根据这些数据的反馈，也要调整好语写时间，保证既能完成语写练习，也不影响正常的生活。只有生活平稳，才能确保长期语写的稳定。

剑飞老师说过，专业人士通过训练，即使在遇到挫折后，也会不断找寻方法，保持稳定。语写过程中，我也遇到过生活失衡的时候，在完成语写马拉松期间，失衡的情况就在短期内出现过，每天会写到很晚才能完成，陪伴家人的时间减少，运动时间消失。不过，通过尝试各种方法后，我将失衡状态调整了回来。每次增加语写字数时，我都会或多或少遇到类似的情况，但总能再次调整到稳定状态中。这个过程本身也在锻炼我保持稳定的能力。

不断地扩大自我能力边界

成长需要不断突破过去的自己，在语写中，字数的增加能看到成长的变化。每调整一次语写字数，就完成了一次从舒适区走入挑战区的跨越。成长，总会有些不舒服，如果很舒服，说明当前的状态已经能被自己掌控，要及时做出调整了。

沿着能力边界突破

从 2018 年至 2020 年年初，我始终保持着每天语写 1 万字的节奏，期间偶尔会做一次语写挑战。在听到剑飞老师对"自由才能创造"的解读和受到语写社群伙伴们不断挑战语写字数的激励后，我重新调整了语写目标。

2020 年，我设定的语写年度目标是 1000 万字，平均每天语写 3 万字。在尝试连续几天语写 3 万字后，我发现完成这个目标对自己来说有些难度，于是我改变了策略，用循序渐进的方式逐步递增字数，每次选择递增 5000 字。

每次增加字数大约间隔一个月，在适应这个频率后，会再次增加 5000 字，以此类推。就这样，我在当年按照每天语写 1 万字、1.5 万字、2 万字……4.3 万字的方式完成了语写 1000 万字的年度目标。

我把这个方式称为"循序渐进"法，每次的调整都是沿着自己能力边界向外扩展，不会超出能力边界太大，这样不会因为超出能力范围太多，而使生活发生大的波动，打破语写的稳定状态。

锁定长期目标，攻克短期目标

每年，我都会设定一个年度语写长期目标，这个目标对我起到了牵引的作用。我将这个长期目标放在心里，然后拆解至每个月和每一天中。

2021 年，我的语写年度目标是 1800 万字，拆解后，平均每天语写 5 万字。和 2020 年逐步递增的方式有所不同，这一年，从 1 月末开始我把每一天的语写都稳定在 5 万字，而且都是在早上完成的。

早上完成当日语写目标的好处是，完成了一件很有难度的事情，会带来很强的能量，让自己一整天都状态满满。在这个时段内，我通过语写进行了复盘、梳理心情、思考要解决的问题、想象未来等，帮助自己平稳心态，更好地应对白天可能发生的各种问题。有了长期目标，我会想方设法完成短期目标。这也是达成语写目标的保证。

一次能做到的事情，就会成为日常

我在语写中有个发现，一次能达成的目标，之后一定会成为日常稳定的状态。如完成一个语写马拉松，也就是语写 4.3 万字，语速达到 400 字/分钟等。这些都是在距离这些数字较远时，很想实现的目标。但因能力不足，只能慢慢靠近。

一旦尝试成功一次，这个目标在之后就一定能经常达成。可以理解为，**突破了自我的能力圈层，只要重复多次并到达一定数量，能力就可以扩大到下一个圈层并稳定下来。**

通过字数的变化，看到能力的改变，是非常客观的展现。这是语写的独特性。所以，通过挑战语写字数能看到自己的能力是否得到了提升，以及每一次的改变需要花费多长时间。了解自己的能力状态，有助于做出关于未来计划的设定。

通过这两年的语写，我懂得了任何一个人的能力都可以不断扩大，而且超出自己的想象范围。如果只是按照现有能力规划未来，能够看到的未来就十分有限。而用将来可能达到的能力思考和规划未来，则会有更大的想象空间。

剑飞老师带着语写社群学员做过多次人生规划，想象未来的每一年。这离不开对自己未来能力的评估。第一年做这个规划时，我能想象的内容很有限，也不太相信自己未来的生活能有多大的改变。不过，随着自己这两年在语写方面的不断突破，我看到了自身具备的可能性，开始敢于发挥想象力，去探索未来。

围绕字数的增长，有清晰的路径，我们能清楚地了解自己当前的能力状态。每天的语写练习，就是在不断重复、加强能力的过程。所以，只要一次能做到的，后面只要肯保持练习的强度，就能成为日常状态。

把困难击破

挑战自我极限，必然会遇到各种困难，在不同的阶段中，困难的程度也会有变化。因为这是在做自己不擅长的事情。我在前面提到的，循着自己的能力边界前行，就是我应对困难时想到的一个解决办法。

方法可以找到很多，但在迎接困难时，最为关键的是内在的信念是否足够坚定。如果信念坚定，不论遇到多大的困难，都会想办法将其击破。如果信念不够坚定，即使办法足够多，也会被困难打败。

语写正是培养和检验自己做事能否长期坚持、不断突破自我的很好的工具。一次又一次的突破能力边界，使我的心性得到了磨炼，尤其在每次突破字数的交替环节，都有一个难熬的阶段，需要重新做出时间方面的调整和生活各个方面的安排。每天的语写，都要面临迎接困难的到来的可能。

这需要不断给到自己能量，正如前面提到的，正是找到了内在的自我，语写时真实的自我自主选择要做的事，那么内在的动力会持续续航。

坚定的信念是做任何事情都需要具备的，不仅是在语写中。它是克服困难的关键。

语写：提升核心能力的"神器"

长期每天语写，会慢慢发现自己的很多能力都有提升，而且都是非常核心的能力，因为不论身在哪个领域，这些能力都能助你更好地发挥实力。

写作能力：日日不断更

语写是通过说的方式，进行快速表达。我们大脑的反应速度非常快，而嘴巴即使不断练习，也未必能跟得上大脑的反应速度。在没有进行语写练习之前，我的写作能力很普通，自称是写作方面的"小白"。

语写几个月后，即使在没有进行语写的时候，大脑中也会有一些想法时不时地冒出，好像是思绪在自然流淌。这在过去从未有过，是语写练习让我的思维活跃。我很喜欢这样的感觉。但如果当时没有记录下来，这些内容好像很快又会消失。后来我有了一个想法，每天写下来这样的灵感。这是日更想法产生的雏形。

2020年，剑飞老师组织语写伙伴们定期写文章，我当时写出一篇完整的文章还很费力。在原创文章群里，有好多厉害的写作高手，看到大家的文章，我更是对自己写文章没了信心。于是总在拖延，不想更新文章。

可是到了年中时，我发现距离自己年度更文目标还很远，于是开始尝试进行日更，从此日更成了我生活的一部分。其实敢于写日更，得益于语写的帮助。对于不经常输出的我来说，每天的语写却让我有了很多的想法和思考，这是过去不曾有的能力。

最初这些想法看似还有些稚嫩，有很大的提升空间，但毕竟是自己的独立思考，所以我很珍惜。受语写的影响，也抱着长期日更的心态面对这件事。现在，我每天都会通过语写梳理思绪，让思考过的内容沉淀，哪怕只有那么一点点值得记录的内容。因为我一直相信，写作的能力是可以提高的，只要肯坚持，肯用心对待。

语写四年多，日更两年多，我的写作水平已经有了进步。因为自大学毕业后，到进行语写前，我几乎没有做过任何的输出。

敢于不断输出都是通过语写的锻炼，日更的进一步锤炼而形成的。

阅读能力：打通输入和输出

语写的特点是每日的练习强度足够大，说的内容越多，时间长了，会将储备的内容清空。这时对阅读的需求就增加了，也就是大量的输出促使产生大量的输入。

我发现，语写越多，阅读时的理解力就会越强。因为在语写中会看到很多问题，有的可以通过自己的能力找到解决办法，有的问题却是待解决的。待解决的问题会被储藏起来，一旦在书中看到了解决办法，哪怕是其他领域的知识，也会将其关联到一起，并且转移到自己不断思索的问题中来。

前段时间，我在做又一次语写极限突破时就遇到了难题。在语写中寻找着各种办法，但没有想到较好的方法。后来，我阅读了一本书，书中的一部分内容引起了我的注意，我把这部分内容迁移到语写中，发现正好能帮助我解决难题。

这促使我更加想要阅读，然后把阅读中的感受和收获，在语写中做进一步的分析和理解，让书中的内容和自己的生活产生联系，真正将知识运用到生活中。

表达能力：思想由混乱到有序

输出是将大脑中如乱麻一样的思绪进行整理、再加工的过程。语写时大量快速的表达训练，使得思绪进行了有序的协调。

在每天的语写中，我们会说到很多内容，有些还是重复的，而重复的内容让我们更熟悉这个场景，如果是遇到的问题，自然能不断澄清问题，探索如何解锁问题。思考得多了，在未来遇到这类场景时，会把思考过的内容直接表达出来。

如果遇到的是自己没有想过的，我们也能快速整理，因为我们的大脑已经习惯了这样的思考方式，让自己勇于进行表达。生活中需要表达的场合非常多，很典型的是工作中的汇报、开会时的交流，这些都是对表达能力的检验。

过去在面对这些场合时，我很难自如地说出想要说的内容，总感觉欠缺点什么，有时还会紧张到不知道自己在说什么。而现在，在这样的场合中，我能快速抓住重点，并做出逻辑分析，清晰地把观点表达出来。通过语写训练，我的表达能力在不断提升。

核心能力是成长的基石

语写不仅仅能提升上面提到的三种能力，从自身的改变中，能看得到的还有觉察力、同理心、解决问题的能力、思考力、自律能力、规划力、行动力、作品力、持续力、时间规划力等，这些能力通过语写得到提升。拥有它们，会给我们生活的各个方面带来积极的影响。

四年的语写使我产生的变化如此之多，让我自己也很惊叹。而这些变化是在每天的语写练习中慢慢获得的。没有任何捷径，只有踏踏实实地每天语写，在时间轴上才会将能力聚集起来。在过程中，很难看到变化是怎样发生的，其间也会经历很多次的枯燥期，但每一次发现自己有了变化，都是在度过了枯燥期后而有的感受。

持续稳定，不断挑战自我的极限，寻找各种解决困难的办法，树立坚定的信念。任何人都可以通过语写提升这些能力，让改变发生。

神奇的"1小时1万字"语写课程

晓雅

作者介绍

晓雅,高校副教授,中药学硕导,长期主义者。2018 年 9 月 1 日参加了语写,目前已写作 1586 天,参加过 20 次语写马拉松,最高一次语写 20 万字,总计语写 1590 万字。

2018年9月1日，我参加了一门叫作语写写作的课程。剑飞老师是这门课程的创始人，他提出的口号是1小时写1万字。当时报名参加这门课程的初衷是提升写作水平，但后来我才发觉1小时写1万字的写作课程是多么神奇，让我实现了人生的多维度的成长。

很多人到现在还不相信1小时可以写1万字，并且会认为写作是一件非常难的事情。为什么会这么认为呢？原因可能是没时间、没精力去写。每天忙忙碌碌上班，回家之后可能还要加班，日常的大部分时间是花在工作和生活上的，学习的时间不多，平常的阅读量都不一定能够保持，更何况参加这种这么费脑力的写作呢。不要说1天写1万字，就连一年写上1万字，对很多人来说都是不太可能的。更何况想要写点东西的时候，发觉脑袋里空空如也，不知道应该写什么，没有题材。自己写的文章跟那些大咖比起来，差距很大，就像隔着银河系。还有很多人写着写着半途而废了，即使心生愧疚，也依然觉得写作这个事情跟自己是无缘的。

我们为什么要参加写作

写作是一种输出的方式，可以把你理解的知识、你的感受用自己独特的方式表达出来，这是世间独一无二的东西，非常珍贵。

在互联网时代，写作能够帮助你表达个人的主张和见解，彰显你的影响力，有利于建立个人的IP（Intellectual Property，知识产权）。

写作还可以疗愈心灵。当你有一些情绪无法释怀，又暂时找不到人倾诉时，可以把语写当作情绪树洞，把所有的苦恼、烦恼以及想不通的问题扔到里面，不停地问问题，答案会在语写中自动涌现出来。

写作还会带来一种平衡，它能降低你内在的精神熵。语写会调动潜意识，让你心心念念的、又压抑在内心深处的东西浮现出来。实际上，这个东西一直都在，只不过是你遗忘了它。本来它最终浮现出来也许需要十几、二十年，但是通过语写的发酵，也许在你语写几个月之后，就被你找到了。你会发觉自己不需要为眼前的利益而活，要为自己的梦想而活。

语写是什么

语写，它是一种全新的写作模式。

有些人会问，是不是直接拿起手机开口说就行？我们不光是开口说，还要追求极致的快，剑飞老师还设立了语写马拉松和语写极限挑战，语写马拉松需要写到4.3万字，语写极限挑战要写10万字以上。

剑飞语写社群里有小伙伴是那种爆发力极强的，他们参加了很多次的语写极限挑战和语写马拉松，成绩斐然。我却不温不火，花了相当长的时间才写到了1000万字。但对我这种耐心不太够的人能够持续这么久坚持做一件事情，是非常可喜可贺的。语写见证了我肉眼可见的进步。

语写的核心人物剑飞老师，是一个非常神奇的存在。我们之所以要参加社群的学习，是因为有剑飞老师的引领。他告诉我们，作为长期主义者，我们不会只看眼前的3年、5年的事情，我们要看更长远的10年、20年，那语写也是这样。开始语写的前几年中，不会特别关注它是否能够立刻就有作品出现，而是说在这里面我们是否在持续地做一件事情，并且是竭尽全力地去达成目标。不过，每一个阶段里面聚焦的事情是不一样的，因为我们的人生实际上有很多的维度，我们关心的重点就会不一样。语写一直陪伴我们左右，渗透到我们生活的方方面面，它已经不光是作为写作的技能存在了。

语写的方法

第一步 明确目标

明确目标可以让我们能够更专注。选择一个最佳的时段，把我们要进行语写的时间给保护好，聚焦在自己要语写的动作上，而不是在内容上。目标清晰不仅有利于我们保持兴趣，还会让我们持续地获得达成目标之后的满足感和成就感。

第二步 说出口

语写最大的特点是利用潜意识来进行写作。在写的时候，嘴巴不能停，一直在说话，至于说什么，你不用太多的理性的思考，也就是嘴巴一直不停地讲。你能想象，一个人 1 天能挑战语写 40 万字吗？我们剑飞语写社群里有伙伴已经做到了。除了吃饭、睡觉，他就只做一件事情——说话。实际上有很多时候他是下意识的。把写完后的 40 万字进行提炼后会发觉，里面有很多的内容是他内在的渴望，一些未尽事宜，或者说是他对某些事情特别好奇的点，而这些对于他都是独一无二的。这些文字进行修改后可以用来使用，当然也可以不用，写完先放在一边，我们要的是体验这样一个极限挑战的过程。在未来，因为有了这样的经历，在进行写作的时候，他不会有心理障碍，因为字数对他来说根本不是一个问题。

第三步 自我觉察

语写时我们会纠结有些问题并想着该如何处理。像这种自问自答的方式，实际上是非常有利于我们在语写里使用的。在你抛出一个问题的同时，其实心里已经知晓答案是什么，只不过是想要去验证。在现实生活里，我们可能会求助专家、长辈或朋友，但在语写里面你会在看到那个问题时，就已经有了解决方案。

在进行语写的时候，可以变换不同的角度进行语写。刚一开始可能用第一人称视角，后来变成了第三人称视角。这能让你更好地去审视自己跟对方，或者自己跟这件事情之间的关系，形成一种能够比较客观看待问题的方法。自我觉察力也会得到提升。而这种提升，能够让你在面对诸多人生的问题和阻碍时，变得睿智；能够让你不带着个人情绪来处理面临的这些问题，变得更客观，更冷静，更善于理性分析。

保持自我觉察的最大好处是你能够更了解自己。其实我们的人生就是由当下的各种选择构成的。一旦了解自己，你就会发觉你做出的选择会让自己的人生道路变得更加顺畅，同时幸福感也会得到提升。

第四步 接纳与臣服

当意识到我原来是一个苹果，真的没必要变成一根香蕉。当发觉身边的事情总要告诉你些什么，如果说你没有意识到它会一刻不停地变换出各种的角色来，就会最终让你明白，原来这条路不通，还会有更好的途径来达成你的愿望。在语写里，我们也终会明白有些事情是需要接纳的，"臣服"于当下，开始更好地去感恩和珍惜眼前的人、眼前的事。那这个时候我们就会发觉有些"功课"其实已经完成，那些想要我们明白的道理，在我们接纳它们的同时，它们就已经完成了历史使命。

第五步 改变与创造

自由才能创造，我们在语写里面采用了一种极其自由的形式，只要你能够完成 1 小时语写 1 万字，就不用在意内容是什么。因为每一次语写内容不一样，每次聚焦点也不一样。一个人只有内心自由了，他才能够有更多的灵感流淌出来，而这个灵感能够让我们收获新的体验，创造出更多我们想要的美好的事物。

现在已经是我语写的第 4 个年头了。随着语写的深入，我在语写里既可以进行反思复盘，也可以进行具体的行动计划。当事情和情绪冲突的时候，我会先用语写安抚情绪，再处理事情并确定具体的步骤。当然也可以进行人生规划，这是一件很酷的事情，剑飞老师在语写 App 上设置了人生规划课程。用语写的方式来进行人生规划，你会发觉特别痛快，假设自己可以活到 100 岁，从终局回望现在的自己，它让人的思考维度提升很高。我们会恍然大悟，原来自己这辈子最想做的是这件事情，就像一盏灯照亮了我们前方的路。也只有经过语写的训练之后，再参加人生规划课，那时你才会发觉这是一门引人入胜的课程，它会让人收获颇丰。

关于语写的小技巧

如何 1 小时输出 1 万字

换各种语写姿势、各种素材、各种场所，使用"番茄钟"让自己更专注，把时间保护好。越是觉得时间不够用，越要进行语写，思考可以帮助你更好地解决时间焦虑。

为什么要选择语写

遇到工作和情绪冲突时，你会怎么处理？我的原则是先处理好情绪。语写实际上是疏导情绪的工具，它可以快速地清空你的头脑。在语写里，我们实际上是调用潜意识来进行写作的，不需要思考太多，更不需要太多理性的思考，情绪就能得到很好的疏导。

语写如树洞般，你把小情绪、小波动以及对当下某些事的一些看法全部扔进去，语写都会全然接纳。语写完后我们整个人就得到了极大释放。

把整件事用语写的方式记录下来后，我们还要再进行反思。在记录整件事的时候用的是自己的视角，在反思的时候就可以用到第三人称视角，从更高的维度去看当时发生这件事时每个人的想法，再提炼出这类事的处理原则和方法。慢慢地，你便觉察到了属于自己的办事的方式和节奏。

参加语写的初心是想提高写作能力，后来，我发觉自己的生命质量也得到了提升，我变得更幸福了。语写是不带任何评判、用潜意识来写作的，要直面的问题或者说想逃避的但绕来绕去仍还在的问题，你在语写里就会想办法解决它。你在这里实际上是100%的真实和纯然。

语写的素材及形式

描述童年往事、最亲近的人、目光所及的各种颜色，对自己提问：你是怎么做到的？你还可以做什么？今天有什么收获？下次要改进的是什么？

当面进行夸夸式语写：先当着朋友或亲人的面夸他5000字，对方会很高兴，然后再写希望他能够改正的地方，要至少写3000字，这样不仅每天的语写任务已完成大半，还促进了你们的感情。这个我试过，效果很不错。

语写要以夸奖和鼓励为主，看见他做了什么事情后，你有什么样的感受，都可以对他说出来，正向地反馈给他，然后说出希

212　语写高手：实践证明存在

望他以后能够继续努力，或者给他一点小小的建议。当对方面进行语写的时候，有时候会觉得好像他没在意，但实际上他会听，他会竖着耳朵听。

敞开来写：描写眼前的各种颜色、今天遇到的事情、今天的天气、今天的心情等，埋藏在心里面的一些小秘密，这种东西也可以扔进语写里，这点大可放心，剑飞老师和助教也只是快速看一下，不会给你的作业进行评判，这一点非常好。

变换花样来写：踩着动感单车来进行语写；在蹦床上一边蹦，一边语写；一边走路，一边语写；原地踏步进行语写；坐着语写。

如何合理安排时间

规定 1 小时语写 1 万字，有时候时间不够怎么办？我们就要把 1 小时 1 万字提升到 40 分钟 1 万字，甚至是 30 分钟 1 万字。现在剑飞语写社群里面的"大神"们，他们可以 30 分钟写 1 万字，也就是 1 小时写 2 万字，可能未来还会有人继续突破，一切皆有可能。

"大神"们计划每天花 10 小时进行语写，为了达到目标，就要提高效率，把 1 小时 1 万字变成 30 分钟 1 万字。他们可能要早点起床，比如早上 4 点起床，语写到 8 点，4 小时可以完成差不多 8 万字，再在中午、晚上分别抽出 1 小时语写，当天的计划就可以完成了。

固定的时间完成 1 天 1 万字的话，最好是在早上 9 点之前去完成，最好的方法是早起，早起做事是非常有效率的，也是很珍贵的，早上，头脑比较清醒，那这时候语写的速度很快，不知不觉中已经完成了三四千字。中午 12 点之后语写就会变得困难起来，因为你会被一些事情打扰，所以尽量在早上完成语写。把那段时间保护起来。

加入社群感受榜样的力量

加入语写社群，和大家共同来做一件事情，你会感到没那么孤单。假如说你今天没有完成语写目标，可是别人完成了，就会影响到你。这是一种熏习的过程。这种同侪的力量能够拉着一群人，一直往前奔跑。

身体不舒服了还要不要语写

身体不舒服的时候也要语写，为什么呢？当你把不舒服的感觉描述出来，说着说着会突然间发觉好像没有那么难受了。这是一种很奇怪的经历，我亲身体验过。别的语写伙伴也反映那天觉得头痛，在坚持语写2万字之后就感觉头不痛了。

语写与失控感

为什么要求1小时写1万字呢，因为剑飞老师做到了，他告诉我们自己能够做到一个小时写1万字，也可以教会我们。语写时尽量要让全身放松，让口腔发音，吐字清晰，不要有太多顾虑，直接说出来，不要思考。假如不思考就会有一种失控感，我们就要与这种感觉同在，其目的是要锻炼我们跟失控感和谐相处的能力。这和我们写书法很像，特别是在写草书的时候，写着写着，觉得自己的毛笔快甩出去了，一会儿觉得失控，一会儿又觉得可控，这种摇摆不停后获得的平衡感，最终造就了学书法人的一些特质。在语写里面也是一样，我们通过不停地锻炼自己的相关肌肉、头脑和信念来协调如何达成语写的目标。

当脑子一片空白的时候写什么

描写触目所及的东西。语写的内容是相当发散，而且很随机的。有时候语写主题无法聚焦，也没关系，说着说着又会回来。

实际上在语写中就是慢慢地把心给打开，很多东西它就能跃然于纸上。这是一个由慢到快，量变到质变的过程。

用丹田来讲话

我第一次参加语写马拉松写了 4.3 万字，时长超过了 6 个小时，一直都用嗓子发声，后来发现长时间语写是不能用嗓子发声的，要用丹田发声。如果用嗓子一直讲 10 个小时，基本上我们的嗓子就要废掉了。

列一个提纲

我在第一次进行语写马拉松的时候写了 4 万多字，当时列出了生命中比较重要的人：父母、爱人、朋友，把相关的事件进行发散式联想。描述我眼中的他，他给我带来的感受，我们一起去旅行，一起看电影，享受美食，分享对某本书的见解，共同经历的有趣的事儿，一起感受过的极致体验。重新描述我们因某一句话而发生的争吵。同一个问题每个人会有不同的注释，内在的需求不同，看问题的角度也不同。

生命中有爱人亲友的陪伴，世界会变得多姿多彩，可以尝试着用对方的眼光来看待这个世界，会有更多的同理心。同时发觉这些细小、琐碎的事情其实很重要，也更能珍惜当下所拥有的一切。

如何利用语写提升写作水平

参加语写之后，我再参加其他社群的"打卡"，都能最先完成。这是因为语写教会我如何提升写作水平。语写中，我先用最少的时间获得很多发散性的东西，并进行整理，就好比进行一次头脑风暴一样，然后把头脑里这些东西扔出来，再进行编排。这相当于一篇文章，你写出 4000 字的素材之后，慢慢地把它删减到 1000 字，文章的初稿基本就出来了。

如何保证 1 天 1 万字

语写中途如果有突发情况，如生病、有事、忘记等，当天没完成任务，那第 2 天我就会告诉自己今天要把昨天的给补上，今天要语写 2 万字。每次在语写的开头我也会暗示自己，如果完不成的话，我就会给自己追加任务，尽量语写到超过预定的 1 万字。有时候也可以进行语写马拉松，填补之前因生病、有事、忘记等而没有完成的那些数据。

如何进行全天语写马拉松

在前一天就要做好准备，可以用"番茄钟"设定时间，40 分钟为一个单位，然后休息 5 分钟，并且当天谢绝所有来电，但也要注意吃饭、休息，保证体力。语写的时候要尽量放松，尽可能保持一种敞开的态度，我采用的方法是关联万事万物，跟它对话，看看它会告诉我什么。用这样的方法去展开联想，你会发觉好像自己变成其中的一份子，这是因为你已经完成了一个角色的转换。

利用好语写 App 的及时反馈

语写 App 能做到及时反馈，它会适时显示你的语写数据，而且一旦达到某个数据之后，你会得到一个勋章，如 100 万字、200 万字、300 万字、400 万字、600 万字等的里程碑。就这样一步步走过来，你终会成为语写千万的高手。

成为长期主义者

要长期地去做一件事情，在固定的时间重复固定的动作，把这件事情变成一个体力活的话，其实它的消耗是最小的。也就是说我们最终会进入到一种比较平稳的状态，改变在悄悄地发生着。

语写，职场焦虑者的"救命稻草"

殷倩

作者介绍

自由创业者、"倩言万语"公众号主理人；曾任腾讯集团讲师，主讲《演讲呈现技巧（公众表达）》；腾讯系婚恋平台签约讲师，开发《脱单必修课》；腾讯新闻特邀主持人，曾主持《腾讯新闻2021高考—72转折"人生转折点"》节目，在线人数超100万人。自2019年12月27日开始语写练习以来，至今语写已超过1500万字。从职场人转身自由职业者，收获更丰盛自在的人生。

2019年，开始流行一种说法：互联网公司里没有中年人。那一年，我35岁，感到莫名的焦虑，没有"985""211"的高学历，大厂工作12年有余，拿着不高不低的收入，上着朝九晚六的班，5年没有晋升，没有拿得出手的专长，没有骄人的成绩，未来的职业之路应去向何方？

为了改变自己，我开始接触付费社群学习，结果越学越多。长期输入没有输出，努力学习拿不到结果，在我越来越焦虑的时候，通过一位社群群友了解到语写，但因为以前没听过，不知道能帮我什么，半年时间不为所动。

直到12月，我遇到了入职12年以来的最低谷，想离职又害怕找不到合适的工作，想转岗又担心自己不能胜任。带着想要改变现状的强烈愿望，我在2019年12月27日，正式走上语写之路。

语写，先苦后甜的体力活

无话可说的尴尬

语写的第一个月，主要训练嘴巴的灵活度，语速要保持在1小时1万字。本以为没什么难度，毕竟以前我也是个"话痨"，没想到真正要语写的时候，竟然无话可说。还记得第1次语写时的情境：午饭后，我坐在腾大滨海24楼的椅子上，挤半天也挤不出几个字，感觉很不自然。

直到最后，我才很勉强地完成了7000多字。第1天和第2天都没有达到1万字，我有点失落，第3天接到了剑飞老师的电话，他告诉我解决的方法，如果实在不知道写什么，可以尝试说"哈哈哈"。第3次语写，终于破万了。第二个月，全国发生疫情，深圳所有企业居家办公。本以为这是个训练的好机会，但那段时间，我的心却乱得不行，我越想写越写不出来，心里开始有点后悔，从未见过这么奇怪的课程，一个字不教你，直接让你开口练习语音输出，每天跟自己对话，说不出来还要说"哈哈哈"。

原本训练到一定程度要进入第二阶段的训练，但是第一阶段因无话可说没达到每天稳定 1 小时 1 万字，我的训练进程滞后了。

害怕犯错的停顿

训练近两个月后，我开始进入状态。为了完成每天 1 万字的训练，除了每天发生的事，我把我的成长、学习、工作、生活、家人、朋友、同事、同学都写进每天的语写里。

字数慢慢达标后，剑飞老师又提出了更高的要求。他挑出了某一天的内容，从 1 万字中检索到了 102 个"嗯"字，让我尽量避免这个字。我尝试去减少，但总是难以忍住去说。后来和助教沟通时，我才意识到原来自己很害怕犯错，会不自觉地停顿，一停下来就会用"嗯"来填补这个空白。

说了 30 多年话，第一次意识到，我是个这么害怕犯错的人，因为害怕犯错而不敢尝试新的机会，在过去 10 余年的职场生涯里，错过不少好机会，造成如今的被动局面。

为何害怕犯错？追溯到小时候，我从小没有得到过父母的正面夸奖，做得好被默认成是应该的，一旦有错误的动作就会受惩罚，长大后，为了避免受罚，我选择少尝试的安全方法，失去不少主动成长的机会。

剑飞老师告诉我：在语写的世界里，不用害怕犯错，想到什么就尽管说，没人会评判你，只管去说。

第三个月的某天下午，我在房间里足足讲了一个半小时没有停，输出了 1.5 万字，讲到自己泪流满面，感觉特别的舒畅，我有了第一次不再因害怕犯错而停顿的流畅表达。这感觉就像一只快跌停的股票终于涨停板了。

我开心地和剑飞老师分享，他淡淡地回应：总算等到这一天了。

难以坚持的惰性

接下来的时间，我的输出没有那么困难了，但状态还是起伏不定，要坚持做到每天写1万字，真不是一件容易的事，途中甚至还有过怀疑，每天写1万字，到底有什么用？

2月份的某一天，剑飞老师又一脸严肃地找我谈话："我算了下，按照你目前的进度，3个月完成语写100万字有点难，从今天起，你必须每天完成语写1.3万字。"

老师的话激起了我的挑战欲望，不知哪来的底气，我说道："对自己狠一点，每天1.5万字吧。"剑飞老师立马写下一行字："2020年2月10日15时59分42秒，倩倩决定每天完成1.5万字，宁多不少。2020年3月27日，验证倩倩是否履约，成为一个信守承诺的人。"

剑飞老师真是人如其名，还没等我反悔，立马抽出"利剑"斩断"后路"，让我无力反驳，只能硬着头皮答应。经过和懒惰不断斗争以及剑飞老师的督促，最终，我用78天完成了100万字，比预期提前了12天。

拿到海报的当天，我激动万分，像我这般做事三分钟热度的人，都能坚持下来，不得不说，剑飞老师在指导我们克服惰性这点上确实有自己的一套独特方法。

我渐渐发现了语写带给我的改变，3个月的时间，我的焦虑情绪渐渐消失了，思路更加清晰了，表达更流畅了，写作效率也提升了。

我意识到，100 万还只是刚刚开始，不能浅尝辄止，立马续费一年，我想深入挖一挖语写这座"宝藏山"，看看还能否有不一样的收获。

语写，不断升级的人生系统

2022 年 1 月 9 日，我已完成语写 1000 万字，用时 745 天。

两年多不间断地语写，从最初的怀疑到提升效率的工具，从解锁各项新技能到不断创造的人生系统，语写渐渐成为我生命中不可或缺的一部分，每个阶段总会有不一样的收获。

初期阶段：助力快速输出的工具

语写训练进入第四个月，不知不觉，我的输出速度变快了。过去用键盘打字最多 140 字 / 分钟，语写最快可达 400 字 / 分钟；一篇 5000 字的文章，以前需要七天时间完成，现在通过语写后再修改，3 小时就能搞定。

随着社会压力的增大，职场人越来越忙碌，为了提升自己，白天忙完工作，晚上和周末还会学习，但不少人表示越学越焦虑，原因是大量输入很少输出，信息过剩导致无法吸收，学再多腾不出时间梳理，大脑出现超负荷。

不妨把大脑比喻成道路，到了下班高峰期，车流量加大，道路会非常拥挤，如果一直红灯，交通就会堵塞，只有绿灯亮的时候，车子被有秩序地分流，道路才会畅通，想要表达清晰，我们先要疏通大脑里的"道路"，把堆积的信息厘清，才能汲取新的营养。

曾经，我热衷于线上线下各种课程的学习，但苦于没有时间整理和输出，见效甚微。有了语写后，学完不到 1 个小时，立马通过语写及时输出，做课程笔记和记录感想，知识得到了快速吸收，类似费曼学习法，学了马上"讲授"的效果是最好的。

为了达到理想的学习效果，提升输出效率已成为现代职场人的"刚需"。

如何提升输出效率？

（1）使用语写输出替代键盘打字。

（2）输出速度保持在 1 小时内 1 万字。

（3）正确率达到 98%，否则修改的时间更长。

如何保证正确率达到 98%？

（1）口腔要尽量打开。

（2）吐字清晰，对自己说出的每个字负责。

（3）每天检查错别字，截取任意 200 字进行检查，如有错误，后续重点训练，直到不再出错为止。

通常语写训练 3～6 个月后，输出效率就会得到提升，对我们的工作、学习和日常沟通都会有帮助，成长路上也会省时、省力。

中期阶段：打造复合技能的利器

曾有人问，语写到底能帮我们什么？

我眼中的语写像个"潘多拉魔盒"，每个人打开的方式、坚持时间的长短、使用的频率、对待它的态度决定着收获的多少。随着语写训练的不断深入，我的各项能力也在不断提升，外在似乎没什么大变化，内核却越来越稳定。

语写，让我从盲目从众到独立思考

剑飞老师曾说过：**一个人如果在一天当中没有一小时独立思考的时间，他的人生多半是混乱的。**

在没有遇见语写前，我遇到问题习惯上网查询资料、问前辈、找专家，总想直接找人要答案，直到我在职场困境中，一次次地走不出去，痛苦不堪时，我才发现过去这些年，自己一直盲目从众，丢掉了自我思考的能力。

你是不是也和我一样，在家听父母、在校听老师、工作听领导，习惯被安排，很难有自己的独立思考能力，决定几乎都是让父母或别人替我选择的，有问题习惯请教身边人，出了问题又把责任推给对方，因为害怕承担而不敢主动做选择，只能选择随波逐流。

直到 35 岁那年，我遇到职业瓶颈期，一次次请教身边人、一次次无功而返、一次次失望，越来越痛苦的我向剑飞老师请教，他建议我要自己认真思考并做出决定。

既然最终的结果只能自己承受，且没有完美的选择，那就做相对有利的选择。近半年的时间，我每天在语写里思考并记录去留的优缺点、可能存在的机会和挑战，也会拜访身边的创业者和前同事，多个维度梳理。最终，我做出了近十年最艰难的一次决定，2021 年 4 月，我从工作了近 15 年的腾讯离职。

剑飞老师曾说：大脑不是用来记忆的，而是用来思考的。

关于思考，总结以下三条经验与你分享。

（1）每天有独立思考的时间，与自己建立连接。

现在的职场人压力大，高强度的工作使人疲惫，社会节奏快，很少能有时间留给自己，但越是这样，你越需要有自己的独立思考时间。只有保持内在的清醒，才能看到事物的本质，做出更正确的决定。

（2）站在未来视角看现在，学会多维视角看世界。

成长路上不会一直顺利，会犯错，也会走弯路，不要老为眼前的困难和过去的事情后悔和责备自己。试着往后多看几年，这件事在 5 年或 10 年后是否还会影响我；这个角度会影响我，换个角度是不是还会有问题。当你的视角切换得越多，困扰你的问题就会越少，更容易跳出当下的困惑。

（3）学会做减法，厘清真正重要的事。

35 岁前，可以多学东西、多接触人、多从事不同的工作，35 岁后，精力和体力逐渐跟不上，要做减法，避免不必要的社交，学习能坚持 3 年以上的技能，选择自己喜欢或擅长的事情深耕细作，人生方向会慢慢清晰。

从今天开始，每天给自己一定的独立思考时间，从 5 分钟开始，最好 1 小时，**内在足够坚定，才能不被外在的声音影响。**

语写，让我的情绪从失控到稳定

剑飞老师说："稳定是高手的特质。"

语写的初期是体力活，剑飞老师通过完成的字数和时间去看我们的状态是否稳定，我的数据显示：从 0 字到 500 万字，用时 430 天，从 500 万字到 1000 万字，用时 305 天。前期在语写的时候，我经常会有不稳定的时候，完成的时间常常早、中、晚不定时，过了 500 万字后，我开始慢慢能稳定字数，完成的时间也集中在上午 9 点～ 10 点。

直到过了 1000 万字，剑飞老师才说了一句："你算是稳定下来了。"

于我而言，除了字数和时间的稳定，更重要的是我的状态越来越稳定。

今年五一，我和伴侣去珠海旅游。我们一大早到达蛇口港后才接到停船的通知，于是更改交通方式开车去，上车后又接到酒店通知需要变更酒店，不到半小时的时间，出行方式、居住酒店和行程全部被打乱。

如果是在以前，我肯定会抱怨天气、责怪对方，最后可能一生气就不去了，闹得两人都不愉快。而这次，我全程没有任何不开心的情绪，状态出奇的稳定。坐在车上，我们各自打开了语写，记录下这段经历。

原来，在每天1万字的语写中，我通过持续的自我对话和觉察、及时的清理内心垃圾，遇到事情会不容易慌乱，更清晰地找到最有利的方式面对变化。

每个成年人都需要一个"安全出口"，可以通过每天和自己对话梳理和清理。只有身心轻松，才能自如应对外界压力。

· 语写，让我从羞于表达到即兴分享

语写对于训练者来讲，最快速和最直接的效果就是表达力直线上升。

曾经，我不太敢在公众场合表达，一上台就紧张，然而训练到半年的时候，突然发现自己的临场应变能力变强了，即兴主持、即兴分享、咨询都能应付自如，这种变化是在不知不觉中发生的。

去年4月，我第一次给同事讲了一天的演讲与表达课程，7个小时的讲授，结合了问答、案例、演练、反馈等多种形式，获得大家100%的好评，甚至有人以为这堂课我讲过50次，并且对我的表达能力几乎给予了满分好评。

由此可见，每天语写 1 小时，其实是个体力活，只要你愿意付出时间，找对老师和方法，即使是内向不擅长表达的人，也会获得非常大的提升。

表达不是学出来的，而是练出来的。 当我们通过每天 1 万字输出了每天的所见、所闻、所思、所行，大脑的"空间"就会腾出来，无形中为我们的表达让路，思路清晰了，表达自然流畅。每天语写 1 万字如同锻炼身体一样，肌肉训练到一定程度，就会拥有脱口而出的能力。

语写，让我从蹉跎度日到每日复盘

你有复盘的习惯吗？

在我没有开始语写前，做了什么事、听了什么课、看了什么书，基本就是做过了就过了，几乎很少复盘，所以成长速度一直很慢。2019 年，接触了复盘课程，知道了复盘"六部曲"。但总坚持不下来，一是因为日常工作和学习太忙；二是要打开电脑码字太麻烦。

语写后，我开始了及时复盘模式。

阅读一本书时，看到很棒的观点或金句，我会及时地用语写记录下来，并且思考为什么这句话会引起我的共鸣？它表达了怎样的思想？过去，我是如何做的？未来，我可以怎样做得更好？

见完朋友，我会记录会面的场景、聊天的话题，我和他相识的故事以及沟通中的收获。

听完课程，我会一边回忆当天的内容一边快速语写，输出学习重点和现场感受，5 万字的内容，3 小时就可以完成。

做完一个项目，我也会用语写的方式记录下我的感受和收获，做这件事前、中、后的心理变化，哪做得好，哪做得不好，哪些需要继续保持，哪些还可以持续改进。

有了语写复盘，我不再蹉跎度日，而是随时随地记录自己见过的人、看过的书、做事的事、学过的课。每日复盘后，我的思维也变得开阔，内在更丰盈，幸福感也更强了。**这些也将成为我成长印记的人生"记录本"，意义非凡。**

如果你也希望拥有自己的人生"记录本"，不妨试试启动语写模式，坚持每日复盘一点点，就能带来大改变。

语写，让我从三心二意到心无旁骛

在语写的训练过程中，剑飞老师会设置几次极限挑战，第一次让我1小时挑战1.5万字，那是我训练的第二个月，我每天花费一两个小时语写1万字都有难度，老师让我集中时间挑战一次，我抱着试试的态度尝试了一次。

在此之前，我每天都是用碎片化时间完成语写的，有空就写10分钟或20分钟，拼凑成1万字，没什么感觉，只是当体力活完成任务了。在挑战1.5万字的时候，我认真地坐在家里的书桌前，不去管说什么内容，只是把注意力放在嘴巴上，不让嘴巴停下来，想到什么就说什么，说到动情处，竟然泪流满面，最后完成1.5万字的时候，刚好60分钟。

在语写的过程中，外界的一切仿佛都停止了，整个世界只剩下我和自己在对话。曾经听说蔡志忠先生每天除了睡觉5小时，其他的十几个小时都会用来画画，经常画到忘了吃饭，我觉得不可思议。

第一次感受到心流的体验，内心宁静美好，幸福感油然而生。有了这次的成功经验，我开始挑战语写马拉松（4.3万字）、10万字、20万字，完成1万字的时间越来越快，从60分钟到45分钟，再到38分钟，最快达到了28分钟，语速接近400字/分钟。

一次次挑战下来，我渐渐意识到专注对效率的影响很深，专注一小时做的事比 6 个 10 分钟做的事要多很多，而且做出来的效果也有很大区别。这个逻辑应用在学习上也非常管用，现在职场人为了更优秀，会学习各种技能，但是都只学十天半个月，结果样样通，样样松。

而语写的训练，至少是 3 个月打底的，写了 100 万字，那还只是打了个地基，想要建高楼，务必花个 3 年、5 年才能看到楼层。剑飞语写社群里优秀的学员至少都是语写 2 年以上的，平日群里不"冒泡"，上了直播他们可以不带停地即兴讲半个小时，这些功夫都是日常每天专注练习的结果。

制心一处，无事不办。语写让我从一个到处挖井的人，变成了专注在语写这口井打水的人，曾经三心二意的我也开始专注起来，越来越能静下心来阅读、写作、运动。当内心越来越宁静的时候，我感受到一切都如此美好。

语写，让我从一座孤岛到立足全世界

没有语写前，我很少与自己对话，缺少和自己的连接，不能理解自己，也很容易误解他人。通过语写，加强与自己的连接后，我渐渐找到了连接他人和这个世界的方式。

第一，与自己连接。

人生最重要的功课之一，是面对、理解和接纳自己。一个外在再强大的人，如果每天没有时间和自己连接，真实面对自己，终究是孤独的。

曾经的我，一旦闲下来就觉得无所事事，"刷手机"或看无聊的电视。有了语写，这个最懂我的"伴侣"后，我可以随时随地被接纳，当我拿起手机打开语写 App 和自己对话的那一刻，感觉整个世界都安静了，仿佛这个世界都是我的。在和自己对话的过程中，我一次次重新认识自己，一次次突破原有的观念，在一次次连接中一点点成长。原本很在意的事，已经无法困住你了；原本走不出去的事，经过与自己和解都不再是事了。

你与自己连接的方式，决定着你与他人连接的方式。

第二，与他人连接。

请问：你还记得你学生时代的同学吗？你和他/她是什么时候认识的？他/她身上有怎样的特质？你可以从他/她身上学到什么？你和他/她的关系如何？未来，你应该如何维系与他/她的关系？

当问到自己这些问题的时候，我发现和很多朋友很长时间没有再联系了，一直想找个机会和他们交流。到了语写第四个月的时候，突然想挑战10万字，我做了张导图，把我从上学到工作遇到的所有记得的人的名字写下来，并回忆我和对方的故事，通过以上六个问题梳理我们的关系。

大概写了60人，每人1000～2000字不等，10万字就写够了。在语写过程中，把那些曾经在我生命中出现过的朋友都回忆了一次，我会流泪感动，会难过后悔，会思念感恩，会忍不住挑几个发短信和打电话送去问候。

孔子有云："三人行，必有我师焉。择其善者而从之，其不善者而改之。"以前，我不太理解这句话，而且也做不到，随着年龄的增长，我发现不是所有的人都会喜欢你，也不是所有的人都会让你满意，与人和谐相处，带着发现美的眼睛看到对方的闪光点，学习他人的长处，这是与他人连接的重要原则。

语写，让我不再是带着一种世俗的眼光去交友，而是带着学习和陪伴的心去连接他人，认识到了很多与自己同频的伙伴，每一次相遇都是新的成长，感恩遇见。

第三，与自然连接。

去年，我看了一部电影《心灵奇旅》，里面有个情节设置让我印象非常深刻，男主为了实现目标忙忙碌碌，变成了"麻木"的人，直到和猫"互换身体"后，在嬉笑中，他才感受到地下通道呼呼的风，触摸到自己手里的叶子，听到地铁站流浪歌手的音乐，尝到美味的 Pizza。生活点滴之处，其实都是触手可及的幸福。

我们一直都很忙碌，忙着各种"重要"的事情，读书时要学习，工作后要努力升职加薪，结婚后忙买车、买房、生娃。

曾经，我也很忙碌，看不见身边那些简单的美好。开始语写后，为了每天完成训练任务，剑飞老师教我去观察一切事物，包括花草树木、动物、器具，每个事物都值得写上几百、上千字。刚开始，我写得非常生硬，写了一段时间后，我对周围事物的感知能力增强了。

不知不觉，我会心生感恩，感谢每天的阳光普照，感谢雨水滋润万物，感谢默默付出从不求回报的大自然。回归最初的美好后，幸福感越来越强。

语写，让我从害怕犯错到乐于创造

语写初期，我总是小心翼翼，害怕说错话，有想法也不敢表达出来，"卡住"时，经常会用嗯、呃等语气词，可能是因为不够自信，没话说的时候，会自然地停下来。

剑飞老师建议我不要停顿，想到什么就说什么，尽量不说"嗯"这个字。经过自省后，我发现自己是一个特别害怕犯错的人，也不想做那些感觉丢脸或者没把握的事。于是，我尽可能地让自己少做没有把握的事以减少犯错，但是，不犯错的同时，我也丢掉不少创造的机会。

语写到一年的时候，剑飞老师建议我写下 90 岁以前的每一年过生日的场景，连续两年都给了我这个任务，但是我都没有完成，习惯了回顾过去的我，很少展望未来，才发现被框住的思维缺少了创造力。

渐渐地，剑飞老师让我尝试在语写里创造，可以做角色扮演，可以模仿任意人或动物，可以把自己想象成一只茶杯去看世界，可以模拟上课的情境、做咨询和演讲，还可以假装自己达成了某种目标时的状态，去感受那样的场景。

2022年3月，我第一次上剑飞老师的人生规划课。剑飞老师用了一天的时间带我们用语写规划100岁前的人生，他带着我们边上课边练习，先倒着写100岁、90岁、80岁，然后再写逢5、6、7、8的岁数，再把没写过的数字1、2、3、4、9写一遍，要写下毕生的财务目标、自己想做的100件事、已经做成的事、为退休做准备想学的各项技能等。

在写的过程中，我很是感慨。在写到60岁的时候，身边的亲人、朋友接二连三地离开自己，我的眼泪自然地流下来；我还发现想做的事很多，真正需要的其实并不多；剑飞老师让我们定下80岁将达成的财务目标，却让我们在100岁之后要全部捐掉；到了一定年纪，孩子们要离开我们；面临退休，我们需要培养自己的兴趣爱好，退休后的精彩人生才刚刚开始。

第一次语写人生规划，除了个别老学员写完了，很多人都没有写完，我写了70%，剩下的30%在6月份第二次上人生规划课时，才全部写完。剑飞老师说，这很正常，如同我们到一个新的地方旅行，因为是陌生的，所以最初都会找不到方向，想得多了，自然就能创造出来了。

剑飞老师还说："有些必然发生的事情，要尽早做，否则未来会付出更大的代价和精力。用语写创造属于自己的人生'剧本'，不失为有趣的尝试，这样的人生规划，每年都可以做一次，你会发现许下的愿慢慢实现，想过的事，一件件做到了。"

现实或许不尽如人意，而语写会陪你一起创造属于自己的人生"剧本"。

后期阶段：不断创造的全能系统

从 2019 年 12 月 27 日开始语写到现在，我没有一天间断过。将近三年的时间，语写已成为我生活中不可或缺的一部分。

在我埋头阅读时，语写就是我的贴纸，可以随时随地输出自己的观点；

在我遇到问题时，语写就是我的树洞，可以随时随地倾吐心中不快；

在我面临选择时，语写就是我的"先知"，可以随时随地沟通找到答案；

在我接到任务时，语写就是我的练习场，可以随时随地主持、咨询和授课；

在我每天的生活中，语写就是我的记录本，可以随时随地留住每天的精彩；

在我缺少灵感时，语写就是创意的源泉，开口就会有源源不断的想法；

初识语写，只为缓解职场焦虑。随着语写陪伴时间的增加，我却收获了一个又一个"法宝"，向外拓展的技能不断提升，内核越来越稳定，焦虑感不知不觉消失了。

语写不是某个定向的工具或技能，而是一套全方位的创造系统，系统升级后，小故障迎刃而解。职场人若想拥有长期的核心竞争力，只有定期升级内在系统，才能跟得上时代的变化。

后疫情时代，经济不断下滑，各大厂的裁员人数也越来越多，整个职场环境都让人焦虑不安。

前不久，一位工作了 13 年的前同事和我聊天，她说最近去食堂吃饭，大家都在聊裁员的事。幸好，她在今年年初也参加了外部的学习，每天坚持语写和阅读，生活变得规律且更有定力，她原来害怕被"提前退休"，现在面对裁员似乎也不慌了。

我曾用《财富自由之路》里的一段话问自己：

如果没有掌握某项技能，

现在有什么事我根本做不了或根本没机会做？

未来遇到什么困难？会失去怎样的机会？

我的生活会不会因此变得更加被动？

如果没有走进语写，我不会站上能容纳 600 人的舞台做演讲。

如果没有坚持语写，我不会有机会成为腾讯新闻的特邀主持。

如果没有语写，我不会有自由才能创造的体验。

如果没有语写带给我的复合能力，我不会有勇气跨出职场"围城"。

……

愿你我都能走在自我探索的路上，坚定地做个长期主义者，走出属于自己的宽广之路，创造属于你的人生"剧本"。

经过长期语写习得的三大关键能力

云清

作者介绍

从事一线教育工作十多年，先后考取教育硕士、国家心理咨询师、婚姻家庭咨询师，中级社会工作者，自我提升的探索仍在继续。语写训练2000多天，完成了2400万字，1700多天的时间记录。在持续行动中思考人生，探索生命无限可能，用"亲自"做到，活成道理的样子，是亲历者，亦是极致践行者。

2016年10月，我参加了剑飞老师简书平台上的"写作马拉松"活动。那是我第一次经历超过12小时连续不断的文字创作，我通过这次创作不仅突破了自我，还在心里种下了写作的种子。岁月流转，当初的那颗小种子在语写的滋养下，生了根，发了芽，长成了自己的模样。

刚开始我用键盘打字的方式进行写作，每天平均打2000字，耗时1.5小时左右。后来我转向语写创作，经过每天1小时1万字的训练后，实现了创作字数、时长、广度与深度的突破。语写在只要可以说话的地方就可以进行，为需要它的人提供一种轻量写作的方式。

语写是一套完善的写作行动体系，每个人的能力水平不同，在语写中锻炼的侧重点也不同，收获的能力强度也不相同。语写在于持续练习，长期语写让我的行动力、心力、思维力都得到了很大程度上的提升。回头再看这段体验与经历，我有着"天天练功不见功，有朝一日功自成"的惊喜。

这些年的语写让我明白外在一切都是渡河小舟，不论我们用什么方法或工具，最终的目标是一致的。现在我将发生在我身上的语写经历与获得的语写体验分享出来，一方面是对过往的梳理；另一方面是希望对初次接触语写的朋友们有一点帮助。

语写"炼"身——行动力

从养成到习惯

前文已经提到语写是一套写作的行动体系，入门第一件事便是写。如何写在语写的相关书籍中已经将方法写得非常清晰了，在这我要说的是，在"每天1小时1万字"的习惯养成过程中我的经历、体验与感悟。

作为语写早期学员之一，我对语写最深的感受就是：别多想，拿起手机语写就对了。最开始的困难不是拿起手机语写，而是写完之后看着满屏不知道写了什么的不知所措，还有内心不断冒出因对比产生的吐槽：这写的是什么，这时间打字都能出一篇像样的文章了！

学习任何新技能或事物都有个适应期，语写也是这样。在语音识别技术没有出现之前，我们习惯用键盘打字创作，只不过打字久了我们已经忘记了还有适应键盘打字这么一个过程。在语写初期遇到的文字呈现不如打字的问题我们不用在意，只需要继续进行语写练习，适应一段时间就能有很大的改善。当然，在这里有必要提一下语写是口语化的表达，相对打字创作的逻辑性、严密性在训练初期还是有点差距的，随着训练深入，出口成章也是完全有可能的。所以，在养成习惯的初期最重要的是放下过往已有的经验，带着"空杯"的心态投入新技能的学习中去，这样才会事半功倍。

提出"每天 1 小时 1 万字"的目的是帮助语写学员在最短时间内养成语写习惯。"每天"意味着语写是一项持续的行动，我们需要在每天有意识地安排出专门的语写时间。每天的生活貌似在时间轴上依序进行，其实不然，计划便是超前于当下的存在。在一天中早早设定语写训练这个项目后，一天的时间轴上便有了语写的时间锚点。在这个锚点上再加上"1 小时"的限定后计划就更加明确，语写锚点变成语写时间段，于是我们每天就有了一个小时专门语写的时间，在这一个小时内我们必须完成"1 万字"的语写训练，这是语写训练强度的要求，也是对语写时间的成果保证。

在践行"每天 1 小时 1 万字"的语写训练要求时，你会发现，

1小时语写1万字并不难，难的是怎么样确保每天都能有1小时来进行语写。当完成一件事有难度时，越早行动成功的概率越大。我在语写训练过程中发现，同样1万字的语写训练带来的压力值，早上若是2分，中午是4分，晚上就会是8分，所以早上完成语写基本训练的概率最大，晚上的最小。

语写是一个动作，只有开始语写，开始每天1小时1万字的语写才会有"做了才知道"的体悟。在语写习惯养成阶段，听话照做的话进步快。语写能力的升级是在行动中触发的。这是无数语写人经过亲身实践得出的。"每天1小时1万字"是语写频率、时长、强度的行动保障，完成了这项行动训练自然就具备了习得任何一项新技能的行动力。

从知道到做到

你是从哪里知道语写的呢？第一次接触语写时有什么感受？作为第一批语写学员之一，至今我经历了语写体系的升级完善，见证了专属语写平台的诞生，跟着语写团队自我迭代。每一次经历都是一次"从知道到做到"的过程。

语写体系的完善离不开一批又一批语写人的大量实践，现在"每天1小时1万字"语写基本训练的标准就是集体实践的成果。对普通人来说，这确实有点难度，但绝对是能完成的训练强度。经过训练的语写人能更快速入门，也能更高效地进入下一阶段的语写训练。相比现在的训练强度，早期我只能算作"摸鱼"。幸好一直跟着，我才有机会与语写体系一同成长。

语写App诞生之前，语写创作一般先在一个平台上进行，写完再将作业转存到指定平台。当然也可以直接在指定平台上进行创作，不过有时候会产生一些故障。为了防止文稿丢失，早期的语写学员基本上都有过每天转存文稿的体验。

每次忘记转存，我就会想如果不用转存就好了。对早期的语写学员来说，这是语写之后寻求便捷的小需求，有最好，没有也可以接受，完全不影响语写的实际训练。对于剑飞老师来说，有需求就要去想办法解决，他总是那个把想法变成现实的人。于是，2021 年 5 月，语写学员拥有了专属语写的 App。如今，语写创作有了更多便捷、及时的指标与反馈体系，语写自生长的生态系统已经形成。

在持续语写的这些年里，最让我感动的是剑飞老师用他持续的做到，不断地给学员们一次次呈现"从知道到做到"的完整过程，他所运营的社群给语写学员们创造了相应的环境。每天的语写"风云榜"，榜首榜尾都在不断刷新纪录。每个语写人都清楚地知道语写就是要投入去写的。语写是一项借由文字澄清行动初心、坚定行动决心、梳理行动路径的体力活，它把知道拆解成写出来与做起来两部分。大量创作之后便会有这样的体悟：

曾经知道，道不解；如今做到，道自通。

于我而言，语写本就是一个"从知道到做到"的过程，语写的每一天都在训练做到这项能力。于是，在长期语写之后竟然拥有了把理想照进现实的创造力与行动力，这是最初"摸鱼"语写的我从未想过的。

从标准到极限

前文提到的"每天 1 小时 1 万字"是语写基本训练达标的标准。在语写训练体系中，上限是由语写学员自己创造与突破的，而这与语写训练中的一项必备加速技能——语写极限挑战密切相关。简单来说，"每天 1 小时 1 万字"是语写训练的底线，语写训练的频率、时长、强度的上限均由语写学员通过极限挑战来划定。比如，小饼干创造了连续 271 天语写 10 万字的高强度训练的纪录，清茶创造了一天语写 40 万字的单日字数极限纪录，小奇保持着连续 748 天每天 5 万字的持续大量语写训练，胡奎 1655 天完成了语写 7000 万字训练。而我在 2000 多天里经由语写突破了做一件事的时长记录，把当初的写作兴趣转到了语写上，又把这份用文字记录生活的爱好融入生活，让其成为生活中不可或缺的一部分。

语写训练的底线是每天训练的标准量，达标了才能保证语写能力在一定的速度范围内提升。所以，语写是一项可以交付保底成果的技能学习项目。在语写训练中加入极限挑战训练是为了让学员们走出舒适区，进入挑战区。只有突破了自己某个指标的极限，才会对常规训练驾轻就熟，并实现常规训练本身的升级。这是做到极致之后带来的标准的迭代，这也是能力提升的路径。只要你有过挑战极限的体验，就能理解极限之后就是新的起点。这也是经历语写极限挑战之后会加速语写训练的原因。

那么，如何从标准升级到极限呢？过程难不难？

任何一次极限突破都不容易，难是常态，不难就谈不上突破极限。我们要先放下畏难的情绪，把目光锁定在力所能及的极限挑战上。每个人的标准与极限各不相同，用别人的指标来衡量自己是行不通的，只有明白自己的标准在哪，才能一步一步试探出自己的极限。有的语写学员一开始每天 1 小时 1 万字有点费力，但费点力气没关系，关键是达标了。而对这类学员来说这种达标就是突破了自己的极限。而对于那些每天都能轻松完成的学员来说，语写常规训练标准有点低，需要设定一个新的有点难度的标准。而这就是在能力范围内突破极限。语写训练的常规标准只是一个底线参考，极限值需要语写学员们自行探索与突破。

语写"炼"心——心力

从自我怀疑到笃定前行

刚语写那会,我正处于人生迷茫期,对现实有很多的疑问,对未来有太多的不确定。自我怀疑便是这一系列不确定的产物,而对自身能力和潜力的合理评估直接关系到当下行动的选择方向。我们若总是处于自我怀疑中是绝对不敢去做有挑战的事的,只会躲在舒适区,维持那惴惴不安的安全感。长此以往,舒适区的范围只会越来越小。那时候,我不敢在人前表达自己的想法。

对外在世界的不确定更多的来自内心的不确定,这样很容易在现实的考验中陷入情绪的牢笼无法自拔,进而由怀疑生出忧虑,又由忧虑生出担心,进而演变成恐惧。原本内心的一丝不确定演变成滔天巨浪,搅乱了内心,行事也会跟着乱了章法。当心里乱糟糟时,即便我在语写中也找不到任何直接的答案,但从没有放弃过这场自我对话。在一次又一次的语写训练中,我借由文字倾诉情绪与困惑,写得多了也就对情绪有了更直观的认识与理解。在长期自我对话中,我找到了应对情绪与困惑的方法,那就是呈现真实的情绪、表达真实的感受、面对真实的心意。在语写中,在语言与文字的交互中,我一点点找回了理智,找到了前行的动力。

简单来说,语写作为一种较口语化的快速写作方式,我们用语写表达内心真实感受时,堆积的情绪不仅容易被释放出来,也能快速地以文字形式直观呈现出来。一旦情绪得到释放和呈现,理性就会在自我倾诉中一点点回归。

正如《写出我心:普通人如何通过写作表达自己》这本书的作者娜塔莉·戈德堡所说的那样,写作跟修行一样,都要学会信任自己的心,以专注、创意和开放的态度,回到当下,洞察生活的细节，正视内心真实的模样。

在语写中寻真心。每一次语写都是一次自我探索，文字如实呈现了整个过程，任何怀疑在事实面前都是站不住脚的，那些经由努力习得的能力是经得起现实考验的。在一次又一次如此验证之后，怀疑会越来越少，笃信会越来越深，直到变成内心坚定的力量，不惧任何否定与质疑。

从否定苛责到允许接纳

如果怀疑可以经由验证消除，那么相信就可以靠做到来证明。这貌似是两道数学证明题，"因为……所以……"马上就搞定了。一个人的内心世界真的如数学题那么好解，这世界上也就没有什么其他难题了。单从我的经历中就能挖出好多明明做到了却依然感受不到喜悦，反而更自责的体验。当时，我不清楚这里面的缘由，所幸我看不见的剑飞老师帮我看见了，并且引领我自己去看见。这才有了今天这里的文字。

当语写字数达千万字时，我觉得这不过是时间的功劳，只是它未曾放弃我而已。我看见的是自己做得不好的那部分，没有把目光聚焦在自己做到的那部分上。于是，我把自己埋在了做不好的情绪里，根本看不到已经做到的事实，更谈不上证明了。那是一份太想要变得更好的执念，"刀口"向内不断审视自己，不觉用力过猛不知伤害了自己。这听起来可笑却真实发生过，我困在其中久久不能自拔，到后来我开始如实地在语写中记录，终于在一次次极限挑战中，我看清了"我是谁"。在语写的陪伴下，我走出了对自我的否定和苛责，迎来了对自我的允许与接纳，完成内在的转变，感觉花了好长时间，实际上也就在一瞬间。

语写是一个自我探索的过程，言语的迷惑只会产生在我们说出的那一刻，当它们全数被记录之后，客观便自动浮现。当我在记录自我的一切时，"我是谁"这个问题在语写中被大量论证——怯懦的是我、勇敢的是我、颓丧的是我、昂扬的是我、自卑的是我、自信的是我。虽然我在这里没有一一列举多面的自己，但每一面都在语写中被清晰地记录过，每一面都真实地存在过。即便没有被允许，它们也确实存在过，文字清晰地记录了那些关于我的一切。

语写透过语言快速接近真实的内心，让多面的我在最短的时间内矛盾又真实地存在着。在这面文字的镜子中，我看见了我的"她们"，看见了真实的自己是如何因为内心否定选择看不到自己的努力和进步的，看见躲藏在文字中的自己，看见整个前因后果。语言是有力量的，当我们仔细感受内心，耐心倾听，并用真实的语言说出内心真正的意图，否定和苛责会在文字中留下痕迹。不过，不要害怕，如实记录就好了，最终，我们会在语写中找到突破的勇气和力量。直到有一天与自己达成和解，勇气会从心底产生，允许与接纳会自然发生，由此推及理解、包容、谅解他人。

从习以为常到心通万物

昨天和今天有什么不同？此刻与上一刻有什么差别？每个人对日常周遭一切的感知力都是不同的，正如孩子们喜欢问为什么，大人们习惯说就这样。在语写前，我对自己的生活习以为常。语写后，我的生活多了许多发生时的看见、细微体察和对周遭万物的感知与感受。

没有记录的生活只是发生了，在时间轴上过去了也就过去了。唯一的记录便是我们头脑中的记忆。众所周知记忆会随着时间的推移而消退，随着感觉的需要而进行人为加工。语写是用文字记录生活，"每天1小时1万字"的语写训练若只是在头脑中无中生有，短期内还有内容可写，长期想要做到天天不重样就必须从生活中要素材。尤其是在语写极限挑战中，自身存量的大小直接关系着是否有足够多的素材可以写。语写素材的积累除了阅读，更多的是从生活中获取。我们日常的所有经历看似平淡无奇，人若在其中久了就会习以为常，不觉有什么不同，事实上各色人、各种事物背后都有无数的关联。

每天的语写记录了生活的点滴变化，也记录了思考的过程。经由文字梳理出前因后果后，生活会比以往过得更清晰。正是这样的记录，让原先习以为常的生活有了波澜，有了细节，有了对比，有了自省。于是我们看见了藏在日常生活中的"小确幸"，看见了他人的努力和进步，看见了自己的优点和不足。在持续语写的滋养下，心中所感的范围在不断扩大，感知细腻，感受敏锐，与外在的联系也打通了。

以上说的是通过语写打开心扉的感受和状态，对于感性上的认知每个人的体验都是不同的，但有一点肯定是相同的，那就是更能体验到生活中丰富的滋味了，感受也更灵敏了。

语写"炼"脑——正确思考力

从急于求成到功不唐捐

最初一两年的语写训练中，我总是盼着出成果，究竟什么成果其实那时是没想清楚的，就觉得肯定是很厉害的成果。那焦灼的感受现在想来都觉得有些好笑。为什么会那样着急呢？说白了是为了自我证明。自从语写之后，我总是拿着手机想尽办法抽时间语写，家中父亲一开始不在意，后来惊讶我这回耐得住性子，怎么一个月了、半年了、一年了还在继续，这拼搏的劲头和当年备考比毫不逊色。再后来，他开始好奇我这家伙怎么变得挺神道，一天到晚都不知道在嘀咕什么，竟然还越干越起劲。我便把语写告诉了父亲，他不懂，再跟他解释就像作家一样写作。父亲听后笑着说让我别做梦，就我这点脑子，这么写还能成作家了？

我承认被质疑心里很不爽，可又觉得把自己写的几百万字甩给父亲一定会被他笑死。当时的心情很矛盾，想着赶紧写出点名堂来，证明给父亲看我没乱来，我真的在干实事，可写了又看不到成果。我特意去问剑飞老师语写的成果在哪里。他说，千万字之前都是草稿。听到这个回答我默默下定决心那就等千万字之后再看成果。后来，父亲因病离世，我的语写还在路上。

当千万字语写达成时，我突然明白成果已经"结"在我身上了，那种持续做着一件自己认为对的事，不因质疑动摇，不因看不到结果而放弃的能力已经养成了。我再也不是那个别人一说什么就自我怀疑的我，我再也不是那个动不动就自我否定看不见自己好的我。我有了"长"在心底的坚韧，我有了不惧质疑的坚定，我有了持续前行的耐力。这对我的生命来说是无比珍贵的成果。

一年又一年的语写，字数是见证，亦是成果。语写见证了每一年发生的一切，是每一年生命的记录，生命本身的成果。原本那个急切想从语写中找成果的我学会了慢下来，验证了功不唐捐。这是语写给我带来的思维上的转变，这也将对我往后的人生产生非常重要的影响。

从害怕犯错到错中成长

你如何看待生命中犯的错？年少考学的时候，一做错题就特别懊恼，不知写了几本错题本，一心盼着这些错都消失，那时候也没想过错到底意味着什么，订正也只是为了订正而已。待到毕业工作了，照样特别害怕出错，出错之后会特别忐忑，既担心被责骂怪罪，又担心担不起责任。

刚开始语写训练那会，我的训练强度与难度相对现在轻松许多。不过可别觉得那时候是真的轻松，对语写一点概念都没有的我来说，在那样的强度与难度下完成语写也蛮费力的，只要哪天一不留神就肯定要熬夜补作业。这都算得上是主动完成作业了，已经算好的了。在还没有养成语写习惯之前，我被催作业是常有的事，要想不写语写作业还得为自己找好理由，可无论什么样的理由都要认真地在第二天的语写中写下来。每说一次，下次就不能找同样的理由了，以此告诉你不要犯同样的错。当然，还是会再犯的，再犯就再说一遍，直到这个理由不再出现。

想想当年，我还真的找了不少理由，各种理由说上几遍之后便发现了雷同，不是没心情就是太累了，自己越写就越觉得丢人，真是难为剑飞老师了。后来已经不想再为"不写语写作业"找理由了，早早写完就是了。

每一条不写语写作业的理由看起来都是原因，但事实上是帮助自己认识到"不写语写作业"是在哪里做错了，如因为今天工作忙没有来得及语写，写下这条理由后就会想为什么工作忙没有语写，是语写时间跟工作时间冲突了，还是没有提前安排好工作？犯的错不再是心里的负担，而是帮助我找出错处的线索。排除了各种犯错的可能后，做对也就自然了。

在语写过程中写的那些不写作业的理由帮我养成了直面错误并思考其内在价值的习惯，而正是这个过程让我从原先一犯错就害怕转变成能面对犯错这个事实。这也让我有勇气在语写中进一步去分析生活及工作中犯的错，思维模式改变之后，面对每一个错都像是捡了宝一样。

从只看眼前到长期视角

学会在错中成长的能力是从"不写语写作业"的理由开始的。

而没有语写的那些记录还帮了我一个大忙，那就是让我学会从当下不完美的数据中跳出来，用长期视角看到当下的不完美。这话题又要回到刚语写头两年的时间。

我经历语写训练时语写"大部队"还在来的路上，当时，我们几个人建了一个社群也就算是语写"根据地"了，社群的氛围很安静，大家各得其所。现在语写队伍壮大了，社群依然不喧嚣，这基因里从来都是静水流深的。那时以年语写数量为目标，没有比较，大家确实缺乏动力，而现在的语写社群，真是精神抖擞的一群语写人。

最开始语写训练的第二年，我经历了一场不大不小的变故，整个人精神都没了，更别提每天语写。等我恢复之后看到语写数据中的那些零，心里别提多难受了，总走不出过去。剑飞老师劝导我看得长远一点，和十年比起来，几天，甚至几个月都可以忽略不计。我开始照着这样的思路去思考，发现原来压着内心的"堵"消失了不少。于是，我一遍又一遍地去设想更长远的将来，5年后会怎么样？10年后会怎么样？20年后呢？30年后呢？100年后呢？一开始年数越长，我看见的未来越模糊，可在语写中多次练习之后景象越来越清晰。

从接纳当下语写数据的不完美开始，我学着用更长期的视角去看待自己所做的每一件事，我会思考哪些事是值得持续去做的，即便现在做得不够好也要持续做下去；哪些事是可以短期完成的，哪些短期的事中有可以训练自己长期能力的。我还学着去分辨短期和长期的界限，以及一生之中哪些事是最值得长期践行的。

早些时候我的作息不规律，总是熬夜，等年龄大了熬不了夜的时候还一个劲地顶在那里，以为那就是努力奋斗了。经过一年又一年的语写，我学会了允许与接纳过去的自己，对未来更笃信。

我也学会了长期视角，一点点克服了内心的焦虑，增添了很多的信心，也从以为努力的想法中走了出来，看到了更长远价值的努力是什么样子的。

长期语写带给我的是从内而外的一系列变化，有的是正如上文中所呈现的那样已经发现并可以用言语清晰描述的收获，还有的是暂时未发现却已融入言行的品质。我很感激人生有语写相伴，有剑飞老师的指点与引领，有语写伙伴们的激励与帮助，很感激这一路跌跌撞撞走来遇到的一切。

语写从几个人践行到数千人践行，这是理念认同的过程。我有幸身在其中见证了语写体系不断完善，这里有语写创始人剑飞老师的精心设计、用心投入，也有每个语写人的积极参与。现在的语写已经衍生成一个生态系统，一个相对自运行的组织。这个组织最大的生命力在于自我革命、突破极限的极致践行。在这里，标准不是一成不变的，而是不断被刷新的。个体在这样的组织当中，其潜力会不断被激发出来，进而转化成最新的能力。期待更多的小伙伴加入语写大家庭，在极致践行的路上不断实现自我突破。

在语写中向内生长,向外绽放

邓燕珊 Jenny

作者介绍

"邓燕珊 Jenny"公众号主理人,剑飞语写团队成员,语写千万字达人。曾任微软商务应用课程金牌培训师,主讲 office 课程全网学员超 5 万人,所写的职场文章被国内多家著名媒体转载,如中国青年报、培训杂志等。2019 年开启每天语写成长,挑战过一天 20 万字,一个月 100 万字,一年 1000 万字。至今,个人语写输出超过 3000 万字,并收获了一份热爱与丰盛的事业,令语写和时间记录成为更多人的生活习惯。

语写向内，开启全知全能的人生

每天在语写里说些什么内容？如何有源源不断的话题？如何语写才会有更大的成长？这里没有标准答案，语写时不需要限定主题或框架，提前准备的话大概率会得到相应的答案，而没有准备时往往有惊喜出现。因为自由才能创造，万物皆可以学习。

语写的本质是，每天有一定时间与自我对话，在说话的过程中整理自己的思想。你每天在想什么，就会去做什么。如果想要改变行为，就先要改变思想。

从 2019 年起，我以语写为工具，不断提升自己，活出了理想的愿景，从畏难逃避的惯性模式转为掌控人生、活出全知全能的状态。

一切的问题都是自己造成的，一切的改变也应由自己掌控。 想过什么样的人生，就有意识主动选择。我是如何用语写开启全知全能的人生的呢？以下是我在语写里会涉及的内容，希望对你有所启发。

预演"剧本"，演好人生的戏

我喜欢在一天正式开始前，编写今天或未来的"剧本"。在这一天或更长的时间里面，要让哪些事情发生，哪些事情是重头戏，要把时间花在哪些事情上，不断确定最重要的事情是什么，不仅确定优先级，更要预演可能遇到的问题。不断关注问题的解决，直到把事情做成。

可是现实会发生变化，还有必要预演吗？有的。提前写"剧本"的好处是你会清楚想要实现的结果是什么。即便过程中有意外，你也能通过调整找回节奏，而不是陷入被事情拉着走的境地。

你的每个念头、说的每句话、做的每件事，都会影响人生的走向。编剧、导演、演员都是自己，三位一体才能演好人生的戏。

从事件中学习，停止无效的人生轮回

任何引起情绪的事情，如果你选择忽略，就会发现它在人生里不断轮回，直到你去面对它为止。

每一件事情都会引起情绪的波动，只有先解决了情绪，问题才能够被解决。应对情绪最好的方式是看见它，并允许它存在。每个人都会有情绪，同时每个负面情绪背后都有正面意义。

在整理情绪前，用旁观者的角度把事情的经过重新复述一遍是不可或缺的一步。在真实记录的基础上，复盘总结才会有效。每件事情都有好坏，取决于你怎么看它。在接受情绪后，回看这件事情，提问自己：

> 你获得了什么样的礼物？从中学习到了什么？发生这件事情对你有什么好处？

从每件事情中学习，指引自己活出喜欢的人生状态，并且写出下一步的行动，试想再遇到类似的情况可以怎么做？又会有什么新的人生经验？

或许情绪不一定能被整理，问题也不一定会被解决。毕竟有些问题可能已经存在很长时间了，你需要更多的耐心、更多的勇气。然而一切都会在觉察中开始，在接纳中完成。

有效复盘，提升成长的速度

复盘是件美妙的事，对已发生的事件进行回顾、总结，既看到自己做得好的地方，也看到自己可以做得更好的地方。语写令复盘变得简单，你不需要提前准备，只要拿起手机就可以随时随地开始。

以下是我常进行的四种复盘方式，大多是语写时自由发散出来，慢慢形成的自己的风格。

第一种，重大事件分析。特定的重大事件发生时，情绪会受到影响，为了回归平静，在过程中我会不断地回顾初心和审视过程，重新校准前进方向。比如 2020 年股市动荡，为了避免做错误决定，我当时向自己提出了以下几个问题。

做这件事情的初心是什么？

至今为止做过的错误决策是什么？造成了什么损失？影响做出错误决策的因素是什么？

从失败的经验中有什么启示和礼物？让我有了什么转变？

至今为止做过的正确决策是什么？对人生产生了什么影响？

正确决策和错误决策之间的差异是什么？从中总结出了哪些经验？

第二种，和问题共成长。复盘不是为了评判或否定自己，而是去看见不是"我不行"，而是行为不对。遇到问题，不再指责逃避，而是视为成长的邀约。

在《终身成长》一书里，心理学家卡罗尔·德韦克提出两种不同的思维模式：固定型思维和成长型思维。两者的重要区别是，在遇到挫折或困难的时候，前者是止步不前，回避挑战带来的焦虑；后者是更进一步，没有停止在问题里，而是思考接下来该怎么办。你面对问题的态度，决定了这是危机还是机会。面对长期目标，无论是个人的习惯养成，还是和家人的关系，或工作中遇到的难题，我都会不断地审视。

回顾目标及关键结果是什么？

现在与目标对比的进度如何？过程中发生了什么事情？

当时是怎么考虑的，内心过程是怎样的？结果如何？

以前出现过类似的问题吗？当时是如何解决的？效果如何？

如果没有效果，问题出在哪里？可以如何改进？

第三种，践行所学。在人生的不同阶段，我们会学习不同的知识。为了巩固所学的内容，我会对每天的践行进行复盘。如2019年，我学习了NLP幸福心理学，它里面的18条前提假设，可以理解为令人幸福的思想行为原则。

没有两个人是一样的。

一个人不能改变另外一个人。

人生只有三类事，自己的事，别人的事，老天的事。

有效果比有道理更重要。

凡事照顾了三赢，就不会有后遗症。

没有真实的世界，只有主观认知塑造出来的世界。

沟通的意义，在于你所得到的回应。

对方的抗拒，是没有亲和力的象征。

立场对立是缺乏弹性的表现。

重复旧的做法，只会得到旧的结果。

凡事必有至少3个解决方法。

每个人都做到了当时他能做得最好。

每个人都已经具备使自己成功快乐的资源。

在任何一个系统里，最灵活的部分最能影响大局。

没有挫败，只有反馈。

假如没有从中学到，失败只会是失败之母。

动机和情绪总不会错，只是行为没有效果而已。

值得做，就值得做好。值得做好的，就值得做开心。

一天结束后，我会问问自己：

今天做了什么事情，当时是怎么想的？

做得好的事情，符合了哪条前提假设？是如何实现的？

做得不好的事情，违背了哪条前提假设？结合准则，可以怎么改善？

如果再遇到这种事情，可以如何调整？

无论是2020年践行《高效能人士的七个习惯》，还是

2021年开始学王阳明心学，我都是如此反复练习的。只要有足够的时间，我都会将一天细细地回顾一遍，拆解里面的事情，不断问自己做到了没有？做到，是因为做了哪些事？没做到，又是什么在影响？

最后，复盘当然也可以简简单单，只需要问自己三句话。

今天做得好的事情是什么？

今天可以改进的地方是什么？

为了帮助自己进步，可以提炼出什么原则？

你要成为什么样的人，拥有什么样的思想，可以通过每天审视自己，探寻行为背后的模式，在复盘中纠正偏差，并重复内化新的思维模式和行为模式，直到塑造全新的自己。往往那个你，是原来本自具足的自己。

从时间开销，走向自我管理

所有的事情都需要时间来支撑，时间是最有限的资源。我时常复盘一天的时间花销，哪些事情所花的时间是特别值得的？哪些时间可以优化？哪些事情所花的时间不该产生？

时间记录的价值不在于记录花了多少时间，而是观察时间是否流向了想要过的人生。如果没有，分析自己的注意力和时间去哪里了？做完了哪些事情？没有做完哪些事情？又为什么没有做完？一系列的分析后，你会发现时间管理的背后是自我管理。从2019—2021年，我通过语写不断与自我对话，构建了自我管理系统。

在我的体系里，自我管理系统包括目标、时间、精力、情绪、关系，只要其中一点出现偏差，都会影响最终结果的呈现。为了优化效率，专注实现想要的人生，我进行了以下总结。

目标管理：认识自己，立足当下，以终为始。

时间管理：聚集最重要的事情，要事优先。

精力管理：早睡早起，巧妙饮食，好好冥想。

情绪管理：了解身体，接纳情绪，清理偏差，能量调频。

关系管理：尊重差异，从我做起，真心真诚，付出不求回报。

我分享的都是简单的方法，但也因为简单才可以持续。这里提到的自我管理，不是强迫自己去做什么事情，而是思考你想要去做什么事情。自我管理的目的，不是限制自己的自由，而是把注意力放在自己喜欢做的事情上面。

当建立起自己的原则后，不是把它放在那里，而是要每天都去复盘，去回顾遵守了什么原则，没有遵守什么原则。为了帮助自己不断进步，要不断优化和改善这些原则，并且持续地跟进自己践行的情况。

交流碰撞，思考中产生智慧

阅读和写作都是成本最低、效益最高的学习方式，让它们产生价值的不在于动作本身，关键是思考。别人的经验终究是别人的，只有自己的思考才是自己的。

看书的过程不是摄入信息，而是和作者交流碰撞，碰撞旧的认识，产生新的想法。看书时我会有目的地阅读，依据目录选择想要阅读的内容。阅读 20 分钟之后，把书合上，用语写的方式，在 10 分钟内把自己的收获和理解写下来。循环以上步骤，直到停止阅读。或者随手拿起一本书，任意翻页阅读，读到有感觉的部分，把书合上进行语写，分享当下的思考和领悟。

在日常语写训练的时候，我也会重复回顾阅读时受触动的内容。联想过往的经验，结合当下和未来。对过往的想法有什么改变？产生了什么新的认知？可以采取什么行动？语写训练时，避免直接读书里的原话。如果想复述内容，你可以转化为自己的理解，重新分享出来或者通过记忆复述，这样才能达到锻炼思维和表达的能力。

语写令阅读的时间变长，思考的时间变多，行动的时间变久。现在时常有这种感受，书里提到的内容曾经在生活里观察过，或在语写里思考过。这让我不得不感慨，**把写作和阅读做到极致，就足够产生蜕变了。**

以上五类内容，无论是预演"剧本"、人生轮回，还是有效复盘、自我管理、阅读思考，都是为了向内认知，向外行动。一个人是不能用提出问题的脑袋来解决问题的，当你的认知和思维发生变化了，行动自然就不一样了，人生也发生变化了。

语写向外，从 0 到 1 提升输出力

向内生长，让人可以向下扎根，也令思考认知更有深度。如果还想要人生变得更宽，有更辽阔的发展空间，输出力是一种"走捷径"的能力。无论你是谁，写作都是最低成本的输出方式，它能让你被更多人知道。如果希望成为某个领域的专家，你则需要有自己的作品，让你即使不在场的时候，也能被人看见。

虽然现在是视频时代，但文字依旧是文化的基本载体，它能跨越时空，也能更深入连接。无论什么时候，现在都是开始写作的最好时机。如果你觉得自己写得不好，或者不知道写什么，就不敢对外输出。这是正常的，我也曾经如此，现在偶尔也还会有这种感觉。

虽然我在语写前，已经通过文字获得了一定的影响力，但是写稿前，我依旧会思绪枯竭，在不断搜集和整理别人的文章时，总是陷入比较的失落中，认为自己不如别人，也不知道自己可以写什么，一看到空白的屏幕，心里就发慌。在停更文章两年后，我遇见了语写，从此打开了自由写作的大门，灵感源源不断。从每天语写 1 万字中，我锤炼出了稳定的输出力。

语写方法，打破书写卡点

新手写作容易出现两种情况，一种是有丰富的经验，脑子里有大量的素材，却不知道从何开始整理；另一种是缺乏经验，脑子里没有内容，不知道说什么。而语写的训练方法，可以让你的思绪得以整理或释放。

首先，语写最基础的训练标准，每天 1 小时 1 万字。为了写满这 1 万字，你一定会写尽自己的人生。在大量的观察和思考中，我时常会看到值得思考的事物，或者产生很棒的点。写得多不一定写得好，但写得好一定写得多。

其次，很多人在写文章时，喜欢一边改一边写。而语写有项要求，写的过程不修改，不回看，只专注写的过程。

自由才能创造，写作需要自我的探索和表达的空间。如果一边创作一边修改，就好像小时候在随心画画时，有人在旁边指指点点："不是这样画的，这样才是对的。"久而久之，我们对画画也失去了兴趣。语写不修改的过程，也是看见自己，重塑自信和安全感的过程。另外，很多人无法开始或持续写作的最大问题是认为写作是写给别人看的。有这样的想法的同时，他们也将注意力放在了获得别人的认可上，而无法自由书写。

现在邀请你转换一种思维，写作是为自己而写，你是自己的读者，你不需要别人认可或评判，语写里只有你自己。

最后，语写时要不评判，不否定。我们容易对自己说的话产生评判。"写得这么烂，写的都是流水账，写的都是废话。什么乱七八糟的，这么糟糕，不要写了。"这时候我们要把内在的"评判家"赶走，端正态度，用更加开放的心态，事无巨细且准确地描绘当下的所思、所想、所感。让内在的"艺术家"可以像孩童一样，想说什么就说什么，学会不评判、不否定，无条件接纳自己。

语写的常见问题，不是问题

写文章要注重逻辑和文字表达，新手如果没有主题或方向，就容易卡住写不下去。而语写不用考虑逻辑怎样呈现，文字表达是否好，只需要快速地把观点和想法记录下来。

虽然表达变得容易了，但也出现了几个常见的问题：写着写着就偏了，和最初的想法偏差很大；没有内容写满一万字，写不下去；最后可能变成逻辑混乱的"碎碎念"、流水账……

语写训练的前期目的，并不是呈现完整的作品，而是在大浪中淘金子。字数写得足够多后，大概率都会产生不错的观点或令人惊喜的内容。当写不下去的时候，可以问问自己，真的没有内容写吗？台湾火星爷爷，TED演讲家，他有场演讲的主题是向"没有"借东西。困住我们的从来不是没有，而是怎么看待没有。"没有"不是限制你的理由，而是创造"有"的开始。

语写是工具，让工具发挥作用的是人。逻辑混乱和工具无关，是思维本身混乱。思维需要整理，单纯想是无序的，写是从无序中构建有序。持续三个月每天语写输出1万字后，你会发现逻辑变得清晰了，表达得更流畅了。所以尽管写吧，不用管逻辑好不好。先写起来，把1万字写够。1万字，接着1万字写。

减少写作的阻力，从分享成果开始

语写的最终目的，是出作品。除了进行语写训练以外，最好定期写文章。我现在写的文章 80% 都是从已经做到的成果里，去挖掘主题。

3 年来我一直在语写，并且通过语写让自己变得越来越好，如我写了《一年语写 1000 万，数字背后的力量》《14 小时 20 万字，带娃的我怎么做到？》等关于语写收获的系列文章，在做好语写这件事上，我既有心法也有方法，还有结果，如我写了《怎么做到和同一个人相爱了 12 年》《结婚后，两人不能忽略的四件事》等关于情感分享的文章，我和伴侣从恋爱到结婚生子已经有 14 年了。相爱容易相守难，那我们是怎么做到的，里面有很多的"实战"经验分享。

只有当你做到了什么，才去写什么。这是最好的输出，不再需要向外比较，也不用去请教别人，只需好好整理自己的人生。写自己实践过的事情，自然容易许多。就像语写时，如果写自己熟悉的事物，总能有不断的话题，语速会更快，也更容易进入心流。

语写是为了取悦自己的，而写文章是面向他人的。前者可以想到哪写到哪，用于发散素材。而后者则需要主题分明，逻辑清晰。呈现观点最有效的方式是提前搭建好文章的框架。

关于框架我总结了一种思考方式：你获得了什么结果？你是怎么做到的？从中提炼出哪些方法和心得？有了框架，就可以让表达更有逻辑，主题更加分明。对外写作时，还要时刻关注分享的内容对别人有没有帮助。

对于读者来说，你做到了什么并不重要。他更关心的是你是怎么做到的，对他有什么帮助。这时候你可以在每日语写里，回到真实生活、工作、思考的场景中不断问自己：遇到了什么困难？

当时是怎么思考的？有哪些经历和调整？

不用担心自己的文采不够好，内容不够完整。你的痛点可能就是别人的痛点，对你有帮助的经验可能对别人也有帮助。成果型文章都是用一部分的生命书写而成的，你的心得和方法就是价值本身。

结合语写向内探究后，素材自然就会有。并且，每次写完，都会有新的体验和感受。一次又一次的深挖，会收获更多的礼物，进入更深度地思考，总结出宝贵的经验。带着这份觉知前行，自己又会变得不一样了。

一定要及时做整理和总结，如果当下有触动，没有留存下来。体验过了就过了，很快就会忘了这些珍贵的生长时刻。每次写完之后，别忘了提醒自己：成果已然过去，要去创造新的故事，创造新的成果啦！

通过语写，让思绪自由流淌

写文章，最怕的是思绪枯竭。让思想自由流淌，除了持续写，还要大量阅读。这里的阅读不仅指阅书，还有阅生活、阅人，不断持续学习和体验。

随着持续语写和写文章，你会发现不仅成果可以输出，自己的所思、所想、所行也可以输出。而这些在早期可能只是一个问题、一件事情、一个想法，并不足以写成完整的文章。

只有经过时间的沉淀才会变得完整。期间我们要保持每天语写训练，如果写到相关的内容，拷贝出来存到相应的文档里。就像不断往用于梦想清单的存钱账户里存钱。存到有一天，发现足够买喜欢的东西了，则提取出来实现梦想。

写文章也是这样，在语写里时刻保持对选题的思考。等到有一天发现这个选题有了足够的素材，这时候就可以着手改造成一篇主题明确、逻辑清楚的文章了。

积累时间的长短，取决于你对选题的关注度。单位时间投入的越多，或者关注的频率越高，完成的时间越快。有了大量的素材后，灵感就不再是问题。只需要从中确定主题，也就是你要写什么，这是写文章的第一步。主题确定之后，可以直接列大纲，一共有几个部分，每个部分写什么。为了让内容更有连贯性，我会依据相应的逻辑线重新整理。以下是最常用的4种框架。

- 把一件事情的开始、经过、冲突、转化、结果，结合时间线用讲故事的形式呈现出来。
- 结合书、影片、对话里的观点，联想过往经验，分享当下的看法，提炼对未来的启发。
- 提出问题，分析问题背后原因，解决问题。
- 提出主题，以不同角度或递进式分享3个不同观点的案例，升华主题。

写文章要在框架的基础上，依据对应的模块删改或重写素材，直到文章成型。不一定要从头开始写，可以选择喜欢的部分直接上手。当每个部分都完善后，组装起来，想要的模样自然就呈现了。

流淌了足够多的观点和素材后，通过键盘结合主题和框架，进行删改或重写。这样写出来的文章的深度和角度，都和最初截然不同了，像换了个人一样。

稳定对外输出，放大个人影响力

稳定是高手的特质，也是语写训练里反复锤炼的品质。有很多曾经厉害的人物出过好作品，后来停止输出没有作品后，慢慢就被遗忘了。那些被熟知的，极少数是一辈子只写了一本书。更多的是持续写，写到被人熟知。即便写出了好作品，也依旧在写。

写好很重要，持续写更重要。以前我认为写什么很难，现在懂得了难的不是写什么，而是保持写的动作。做事的方式比内容更重要。2021 年，我成功挑战了一年写 100 篇文章，以下是如何实现的快问快答。

如何为写作规划出时间？

将写作放在优先级里，找出可利用的整块时间，通过早睡早起调整生活结构方式。从晚睡到早上 10 点前睡觉，保证早上 4:30 起床写作。

如何不拖延并在既定的时间里面完成目标？

输出目标一定是和当下想达到的成果，以及未来目标相结合的。在这基础上跟进目标明晰现状，将目标拆解到每个月、每周保持跟进，调整节奏，持续复盘。

如何让自己保持实现目标的能量状态？

回顾初心，并提问自己：为什么做这件事情？完成后会给自己带来什么成果？不做会有什么后果？梳理完后就会恢复动力。

如何让写作的频率变得稳定？

设定清晰具体的成果目标。有目标和没有目标，做事情的态度是截然不同的。我随机写，一个月最多写 3 篇文章。有目标后，每个月至少写 9 篇，写作能力逐步提升，影响力也在扩大，得到反馈后会形成正向循环。

为什么设定了目标，也完不成？

你是"想要"完成，还是一定要完成？意愿，决定了成事的关键。

没有写作能力也可以开始写作吗？

一件事情是否能做成，能力不是最关键的。我认为成事的三要素是能量、时间、注意力，当能量、时间和注意力三位一体的时候，就有了把任何事情做成的强烈意愿。

透过向外输出，我得到了很多人的喜欢。他们说："珍妮，我喜欢你！你活出了我想要的生命状态，在你身上我看到了幸福的模样！"透过向外输出，我也能持续地整理自己的成长和思想，进一步体验到"何期自性，本自具足"。

感谢你阅读到这里，体验了我在语写向内生长、向外绽放的旅程。在语写后写的第1篇文章里，我写下了下面这段话。

小时候，我以为随着年龄增长就会长大。长大后，我才明白世界是以人的心智成熟作为分水岭。28岁的珍妮，在生活中依旧会有不如意的事情，会产生各种情绪、欲望和烦恼。不同的是，面对不如意的事情，我开启了完全觉知的模式，学会了从中去领悟学习和收获。不再用抱怨的态度去面对，而是思考它带给我的意义。感恩28岁遇见语写，让我的心智开始成熟。这份感恩和喜悦，同样回流给此刻阅读文字的每一个你。

3年过去了，这份感恩和喜悦越来越浓烈。语写是一种成长的工具，并不会让人岁岁常欢愉，事事皆胜意，却能让我们随时入清凉境，生欢喜心。祝愿大家都能遇见它，并相伴长长久久。